OKINAWA IS JAPAN

真実の沖縄史が日本を救う

狙われた沖縄

仲村 覚

ハート出版

はじめに

本書は、沖縄問題の全貌を綴った前著『沖縄はいつから日本なのか』の続編です。

前著のまえがきでは、「民族とは歴史と使命を共有した運命共同体」であり、「沖縄問題の解決とは、分断された沖縄の歴史を日本民族の歴史として統一していく運動だ」と著しました。

今回は前著より踏み込み、言語、信仰、琉球国の国家形成プロセスまで言及し、沖縄の歴史を日本民族の歴史として更に統一をすすめることができたと思います。

沖縄問題を一人の体に例えると、内臓疾患など目に見えない部位が病気になったとき、体で最も免疫力が下がった部位に症状が出ますが、日本の場合は沖縄がその部位にあたるといえます。つまり、沖縄問題を分析すると、日本がどのような病気になっているのかがよく見えてくるのです。

前著に続き、本書も安全保障問題、沖縄の歴史戦、沖縄の真実の歴史を織り交ぜて執筆しました。その中で前の二つが日本の病状分析、後者がその処方箋と言えるでしょう。

日本の安全保障環境はこれから急速に厳しくなることが予想されます。沖縄や台湾で軍事紛争が起きた直後、ウチナーンチュのアイデンティティを揺るがすような様々な撹乱情報がマスコミを介して降り注いでくると思います。

また、沖縄県外では、沖縄の人たちは本当に日本人なんだろうかと首を傾げたくなるような情報が出回ることが予想されます。

そのような時に備えて、是非とも本書を手元に置き、ことあるごとに、読み直していただければと願っております。そうすれば、必ず日本人としてのアイデンティティと日本民族の絆を守り通すことができるものと確信しています。

「狙われた沖縄」目次

二章　沖縄は「日本」である

三章　首里城を正しく復元せよ

四章　沖縄の「今そこにある危機」

五章 「祖国復帰の先導者」大濱信泉

一章　沖縄最大の危機「国連による先住民族勧告」

沖縄県民も理解できない国連の先住民族勧告

■米軍基地が小さく見える大問題

二〇一八（平成三十）年八月三十一日付の『琉球新報』の一面に「国連、沖縄保護を勧告　基地集中は人種差別」というタイトルで次の記事が掲載されていました。

国連人種差別撤廃委員会は三十日、対日審査の総括所見を発表した。日本政府に対し、沖縄の人々は「先住民族」だとして、その権利を保護するよう勧告した。米軍基地に起因する米軍機事故や女性に対する暴力について「沖縄の人々が直面している課題」と懸念を示した。その上で「女性を含む沖縄の人々の安全を守る対策を取る」「加害者が適切に告発、訴追されることを保証する」ことなどを求めた。同委員会が勧告で、差別の根拠として米軍基地問題を挙げたのは二〇一〇年以来。（以下省略）

『琉球新報』平成三十年八月三十一日付

その日のトップ記事と言える一面に掲載された記事ですが、新聞の購読者で、この記事を読んで、内容を理解した人はほとんどいないのではないでしょうか。これは、米軍基地問題が小さく見えるぐらいの大問題で、一旦理解したなら大騒動が起きるはずだからです。

本来、日本人として生きてきた沖縄県人にとって、このニュースは自らのアイデンティティを揺るがす大事件です。国連が日本政府に「ウチナーンチュは日本人ではなく先住民族だと認めよ！」と勧告を出したのですから。

二〇一六（平成二十八）年四月末、沖縄県選出の国会議員の宮崎政久氏が、国会質疑で、国連先住民族勧告の撤回を政府に要請したことがありました。質問を受けた木原誠二外務副大臣は撤回を働きかける旨の答弁をし、翌日の『産経新聞』がそれを報道しました。

『宮古毎日新聞』の編集者がその新聞報道を見て、国連が沖縄県民を先住民族として保護するべきとの勧告を出していることを初めて知って驚き、二〇一六（平成二十八）年四月三十日のコラムに掲載したのが次の文章です。

沖縄県民であるわれわれの知らない遥か彼方の国連人種差別撤廃委員会がわれわれ沖縄

県民を先住民族ときめつけた理由がわからない。理不尽な見解だと言わざるをえない。そもそも先住民族とはなんぞや。その定義は文脈によって使い分けられ、人権状況や権利にかかわる際は限定的なものになる。（中略）県民は先住民族だということになれば、日本国の法律、政治、制度が適用されず、一般国民とは異なる政治、経済、教育、その他の制度で差別されているばかりか人権状況も悪い、ということになる。自民議員でなくても猛反発する。

これが、偽らざる普通の沖縄県民の先住民族勧告に対する感じ方でしょう。つまり、「沖縄県民が先住民族だとすれば、日本社会において、われわれ沖縄県民は、『琉球人』だという理由で、政治、経済、教育、様々な制度や生活において差別的不利益を被っているということになる。しかし、そんな馬鹿な事実はない」ということです。

冒頭で紹介した勧告に先立ち、八月十六日と十七日の二日間、スイスのジュネーブで国連人種差別撤廃委員会で対日審査が行われ、十七日に各委員から日本政府への質問、翌十八日に、日本政府代表の大鷹正人国連大使がそれらの質問に回答し、沖縄については、次のように述べました。

「まず、先住民ということについての御指摘がございましたけれども、沖縄に居住する日本国民も沖縄県出身の日本国民の方々もひとしく日本国民であり、日本国民としての権利を全てひとしく保障されております」

政府の回答は至極常識的な回答であり、『宮古毎日新聞』のコラムと一致します。続いて大鷹国連大使は、在沖米軍基地については次のように発言しました。

「昨日は米軍の事故による被害者に関する話がありましたので一言触れますと、学校や住宅に囲まれている、市街地の中央に位置する普天間飛行場がございますが、その機能の一部を辺野古に移設させる政府の取り組みが進められております。今まさに進行中です。これはまさに、抑止力を維持しつつ、普天間飛行場の危険性を一刻も早く除去するための唯一の解決策として政府は取り組んでいる次第でございます」

政府の反論のとおり、沖縄の米軍基地は、沖縄の人々が先住民族だから沖縄に集中しているわけではありません。大東亜戦争の末期、米軍が沖縄を日本本土上陸作戦の出撃基地にするために上陸して巨大な基地を建設し、戦後は大陸の共産主義国家に睨みを利かす太平洋の要石として、軍事的重要拠点になりました。

現在は軍事的覇権を急拡大する中国への備えとして、先島への自衛隊も増強配備している最中です。軍事的要所へ備えをするのは日本の主権国家としての権利であり、それに口出しするのは内政干渉です。しかし、あえて、その内政干渉を可能にするために、沖縄の人々を先住民族とする国連勧告が出るように動いた人物が沖縄にいたのです。

■全ての活動は「琉球人差別」の火種をつくるため

その背景を八月十七日付の『琉球新報』が次のように報道しています。

「糸数氏基地問題は差別　国連対日審査で訴え」

国連人種差別撤廃委員会の対日審査が十六日、スイス・ジュネーブの国連欧州本部で始まった。審査に先立ち、沖縄から糸数慶子参院議員がスピーチした。糸数氏は沖縄の人々に対する差別の事例として、米軍普天間飛行場の移設に伴う名護市辺野古の新基地建設をはじめとする基地問題をあげた。日本政府に差別的な政策をやめさせ、先住民族としての権利を守らせるよう訴えた。（以下省略）

『琉球新報』二〇一八年八月十七日付

糸数氏は、これまで何度もジュネーブやニューヨークに足を運んで国連の人権関係の委員会に参加し、同様の発言を繰り返し、沖縄の基地問題を国際的な人種差別問題にすり替えてエスカレートさせてきました。そのため、日本政府に対する沖縄の人々を先住民族と認めて保護するべきだという趣旨の勧告は、二〇〇八（平成二十）年の自由権規約委員会以来五回も出されているのです。沖縄の人々が全く望まないのに、国連で先住民族と認識されるからくりについては、既に『正論』二〇一五（平成二十七）年十月号にて述べたので、詳細はそちらをご参照いただきたいと思います。

人種差別撤廃委員会の対日審査は、日本政府やNGOから提出された報告書を参考にして審査が行われる仕組みになっています。今回の審査で沖縄県民を先住民族だとする報告書を作成したのは、沖縄国際人権法研究会（島袋純、星野英一共同代表）と琉球弧の先住民族会（当間嗣清代表代行）の二団体です。前者の沖縄国際人権法研究会の英語の名称は、「All Okinawa Council for Human Rights」であり、共同代表の一人の島袋純氏は、翁長雄志沖縄県知事（当時）が国連人権理事会でスピーチを行った時、オール沖縄の国連部長という役職で、その実現を担った人物です。

つまり、沖縄国際人権法研究会は、「イデオロギーではなくアイデンティティ」をスローガンに翁長県知事を担いで、辺野古移設阻止を戦い続けてきたオール沖縄の国連担当部署なのです。「アイデンティティで団結」とは、「ウチナーンチュ（沖縄県人）で団結」ということですが、海外から見たら「先住民族の団結」ということになります。それがわかれば、駄々ばかりこねて理解不能なオール沖縄の動きも氷解します。

最大の疑問は、二〇一三（平成二十五）年十二月二十七日の仲井眞弘多沖縄県知事（当時）による辺野古埋め立て承認を、二〇一五（平成二十七）年十月十三日に翁長県知事（当時）が取り消したことです。関係者からは裁判闘争になった場合勝ち目がなく、個人賠償を請求される可能性もあると言われていました。結果、国と沖縄県で訴訟合戦が行われましたが、それでも、オール沖縄内部の撤回要求は強く、在任中に翁長県知事が死去した後、新しい県知事の当選を待つことなく、二〇一八（平成三十）年八月三十一日に謝花喜一郎県副知事により撤回してしまいました。

このように敗訴覚悟で無謀な戦いを選ぶオール沖縄の真意は、沖縄と日本政府の対立構図を構築し、沖縄が政府から差別を受けていると国際発信する火種をつくることにあるのです。

案の定、埋め立て承認撤回は、訴訟を繰り返すのみで何の成果も出さずに敗訴を繰り返しただけでした。

二〇一八（平成三十）年九月三十日、沖縄県知事選挙の投開票が行われ、玉城デニー氏が県知事に当選。十月十七日に、沖縄防衛局が行政不服審査法に基づき、国交相に審査請求と撤回の執行停止を申し立て、それを受けた石井啓一国土交通大臣（当時）は二〇一九（平成三十一）年四月五日に、「埋め立て承認撤回には理由がない」と説明し、国が進めている工事の正当性を認め、沖縄県による辺野古沿岸部の埋め立て承認撤回の処分を取り消すと発表。沖縄県は国土交通省の決定後、総務省の第三者機関「国地方係争処理委員会」に審査を申し出ましたが、六月に却下されました。

続いて県は、七月十七日、国土交通省の決定が「国の違法な関与」にあたるとして、地方自治法に基づき福岡高裁那覇支部に関与の取り消しを求めて提訴。更に、八月七日には、国土交通省が承認撤回を取り消す裁決をしたのは違法だとして那覇地裁に提訴しました。しかし、二〇二〇（令和二）年三月二十六日、最高裁第一小法廷（深山卓也裁判長）は、国が行った裁決は違法な国の関与に当たらないとし、沖縄県の訴えを退け沖縄県の敗訴が確定しました。

また、県が裁決取り消しを求めた抗告訴訟の判決が、二〇二〇（令和二）年十一月二十七日、那覇地裁で行われ「裁判の対象にならない」として訴えも却下されました。結局、沖縄県の裁判闘争は、税金を二年間つぎ込んで戦ってきましたが、未だに何の成果も出せていないのです。

また、玉城デニー沖縄県知事は、「辺野古移設を阻止する」という公約で知事になったのですが、移設工事は一時停止して遅れることはあっても中止については議論すらされたことはありません。

結局、玉城県知事やその背後のオール沖縄は、本気で辺野古移設の阻止を考えているのではありません。逆に辺野古移設の工事が行われている限り、新たな火種を作り続けることができ好都合なのです。そして、敗訴した際には「承認撤回を求めた琉球人の民族の自決権は日本の法廷でも無視された」と国連に訴え、国連が認めている「先住民族の土地の権利を保護しなければならない」というルールにより米軍基地撤去の国際世論をつくることが目的なのです。

オール沖縄の動きは、全てこの先住民族の土地の権利を利用した米軍基地撤去のシナリオに沿って進められています。候補の擁立手法も同じです。オール沖縄の最大の母体組織は、革新政党の共産党、社民党、社会大衆党です。しかし、その三党から知事候補を擁立することは決してありません。「一部の革新勢力の代表」になることを極度に避けようとしているのです。

もう一つは、辺野古埋め立ての賛否を問う県民投票です。二〇一八（平成三十）年九月六日『辺野古』県民投票の会」（元山仁士郎代表）が、実施を求め署名九万二八四八筆を集め、条例制定を沖縄県に請求しました。条例は十月二十六日に可決、十月三十一日に公布されました。しかし、市民が分断される、結果次第では普天間飛行場の固定化につながる、二択ではなく四択にすべきなど、様々な理由で、宮古島・宜野湾・沖縄・石垣・うるまの五市の市長が不参加を表明し、人口では三割の県民が不参加となる予定でした。

そこで、県議会議長の調整により妥協して、三択での県民投票の実施が決まると、不参加を表明していた五市の市長は投票の実施を表明し、翌二〇一九（平成三十一）年二月二十四日に県内全市町村で投開票が行われました。その結果、投票率五十二・四八パーセント、賛成十九・一パーセント、反対七十二・一五パーセント、どちらでも無い八・七五パーセントという結果となりました。

この投票結果にも様々な議論が沸き起こりました。「本当は埋め立て反対だけれども安全保障上やむをえない」という県民の声を拾いきれていないからです。それが投票率を低下させたと認識しているわけです。反対は七十二・一五パーセントと一見高く見えますが、投票率は半分強ですので、有権者全体で見ると三十七・六五パーセントと四割に満たないのです。

しかし、「七割の県民が反対！」という言葉が独り歩きし、県議会では同年三月二十七日に、「県民投票の結果を尊重し、辺野古沿岸部の埋立工事を直ちに中止し、新たな米軍基地建設を断念させることに理解を求める決議」を賛成多数で可決し、米大統領、国連事務総長、国連人権理事会議長、全国知事会会長に提出したのです。県民投票は最初から国連に向けて訴えるためのパフォーマンスに過ぎなかったのです。

また、国連は既に沖縄の人々を完全に先住民族と認識しているので、沖縄県議会から送られてきた決議文を日本人である沖縄県民によるものではなく、日本の先住民族である琉球人による決議文と認識しているのです。

このように、オール沖縄の全ての活動は「琉球人差別」の火種をつくり、国連に報告するためなのです。

■「安保闘争」から「反差別闘争へ」

さて、ここで私達が気がつかなければならないのは、沖縄の米軍基地撤去運動は、かつての安保闘争とは全く異なるものになっているということです。意外なことかもしれませんが、翁長雄志前沖縄県知事は、在任中日米同盟に賛成していました。事実彼は、「私は日米安保体制を十二分に理解している」と発言し、オスプレイ配備に反対する理由を「墜落事故が起きると日米同盟に亀裂が入るから」と説明していたのです。つまり、辺野古移設に反対する「オール沖縄」が、日米同盟賛成論者の翁長氏を反米運動のリーダーとして担ぐという奇策に出たということです。

その理由として考えられるのが、「安保反対」では多数派形成が無理だと判断したことです。そこで、多数派形成の軸を辺野古移設阻止とオスプレイ配備反対の二点に絞り、それを争点に国連を利用した「反差別闘争」により、米軍基地の全面撤去を狙う方針に切り替えたのです。

このときから新聞やテレビで「差別」という言葉が多用され始め、「〇・六パーセントの国土面積に七割の米軍基地を押しつけている」という被差別意識を煽るような報道が増え始めました。

その結果、「私は日米安保賛成だけれども、沖縄に米軍基地の七割を押しつける差別は許せない」と扇動される沖縄県民も増えたのです。つまり、沖縄の米軍基地撤去運動は、かつての「安保闘争」から、国連を利用した「反差別闘争」へシフトしているのです。

現に、二〇二〇（令和二）年八月二十九日、立憲民主党の沖縄県連設立を受けて、那覇市内で記者会見を行った枝野幸男党代表は、「辺野古に基地を作らせない」「普天間の返還をさせる」に合わせて、「日米安全保障体制を堅持」を方針として掲げたのです。最早、沖縄の基地撤去運動への対抗策は、日米同盟の重要性を啓蒙するだけでは、無意味な状況になっているのです。その闘争は、極めて巧みに沖縄の歴史を利用して県民の感情や沖縄の空気を日本から切り離そうとしているのです。

■琉球人もヘイトスピーチの対象へ

反差別闘争の最大の武器が「反ヘイトスピーチ（略称）」です。二〇一六（平成二十八）年に自民党が提出したヘイトスピーチ解消法が制定されています。これは、理念法であり罰則規定はないのですが、警察庁は通達を出し、ヘイトスピーチと認められる違法行為に対して厳正に処する姿勢を示しています。

悪質な侮辱発言を取り締まることに問題はありませんが、この法律の正式名称が「本邦外出身者に対する不当な差別的言動の解消に向けた取組の推進に関する法律」であるように、日本人からマイノリティに対する差別言動に対してのみ適用され、マイノリティが日本人に対する差別言動には適用されないことが大きな問題です。マイノリティの発言の権利は一〇〇パーセント保護され、マジョリティーはそれに対して一切の反論が許されず、半強制的に保護するような発言をしなければならないのです。

その結果、現在、日本の世論は反日マイノリティによって作られていく仕組みになっています。四年前の人種差別撤廃委員会の対日審査に参加した糸数慶子氏の帰国後の報告がＹｏｕＴｕｂｅにアップされていました。最後にヘイトスピーチについて言及しているので紹介します。要旨は次のとおりです。

二〇一三(平成二十五)年一月下旬、四十一市町村長などが上京し「辺野古新基地反対」「オスプレイ配備反対」の建白書を安倍首相に手渡した。その前に県民代表六百人が銀座を行進した時に、田母神さんを中心とする沿道の人から「琉球人は中国に帰れ」「中国から金をもらって運動しているのだろう」とものすごいヘイトスピーチを受けた。これは、県民に対するヘイトスピーチ以外の何物でもなく、あらためて、国連の場で人種差別だということを訴えていきたい。

最後の一文はほとんどの県民が違和感を持つと思いますが、それを現実のものとする動きも加速しています。

前述の通り、立憲民主党の沖縄県連が設立されましたが、その会長に反ヘイトスピーチ運動の先頭を走ってきた有田芳生参議院議員が就任したのです。彼は、糸数慶子氏がジュネーブの国連人種差別撤廃委員会に参加した際も、会場では常に隣りに座っていました。この二人は、反ヘイトスピーチ運動と沖縄の米軍基地問題と一見異なる領域で活動しているように見えますが、「反差別闘争」という日本解体運動を共に闘う同志なのです。

有田氏を県連会長に送り込んだ立憲民主党の狙いは、国連の勧告を錦の御旗にして、沖縄発の反基地運動、独立運動に対して、全ての批判をヘイトスピーチとして阻止するためではないでしょうか。

しかし、それを許してしまうと、「沖縄の人々は日本人ですから独立なんて馬鹿なことは言わないでください」という発言も、「琉球人の尊厳を踏みにじった！　ヘイトだ！」とされてしまうことになります。沖縄の反日反米闘争批判の言葉狩りが始まるのです。

このように、反差別闘争とはマイノリティの力を最大化し、マジョリティー（日本人）の発言を封印する日本解体闘争なのです。

■勧告の日本に与える影響とその対策案

ここまで説明してきたように、国連の沖縄の人々を先住民族とする勧告は沖縄の新たな米軍基地撤去運動の国際プロパガンダの発信源です。辺野古移設工事を粛々と進めることができたら成功だと思ったら大きな間違いです。

また、法的強制力がないからと政府が拒否して安心している間にも、プロパガンダは各国に広がっていきます。このままだと沖縄の人が外国にいったら日本のマイノリティと認識されるようになってしまいます。また、それを信じる沖縄県民も増え始め、琉球独立運動に参加する人が増え、日本が分断されてしまうでしょう。

そもそもこの一連の流れの中で、外務省の最大の過ちは、勧告の事実を速やかに沖縄県民に伝えなかったことです。最初の勧告が出た時点で、広報予算をつけてでも全県民に周知していれば、大きな反対の声が出て、国連で二度目以降の勧告を出すことができなかったでしょう。

今からでも遅くありません。政府は早急に今回の勧告の内容、そして、勧告が出されるに至った経緯を、沖縄県知事と沖縄選出の国会議員に報告してください。また、県民全員に勧告の実態が伝わるように予算を使って、沖縄県全土に広報することを要望します。

もう一つの過ちは、沖縄の人々を先住民族と訴えるＮＧＯの活動を放置したことです。沖縄県の公の場で一切議論も行わず、議会で何のコンセンサスも取らずに、国連で沖縄県民の代表として先住民族だと訴えることは、表現の自由を超えており、社会通念上許されることではありません。これは、百四十万の沖縄県民と全国、全世界の沖縄県出身者に対する詐欺です。

政府には、勧告が出された原因を調査し、法整備を含めて再発防止策を講じることを要求するとともに、国連の各委員会に対して、沖縄の人々を先住民族とする勧告を撤回させることを要求します。そして、数年経過しても撤回しない場合は、委員会の勧告が如何に不適切なのかを説明した声明を発表し、早急に離脱することを要求します。国連に税金をつぎ込んで自らを先住民族にされ、更に自腹で撤回要求のためにに何度もジュネーブまで渡ることほど馬鹿らしいことはありません。

国連発の琉球人大虐殺プロパガンダ

■ロバート梶原氏による国連人権理事会での発言

二〇一九（令和元）年六月二十五日、ジュネーブの共同通信が「米活動家、国連に沖縄支援を要請」というタイトルのニュースを配信しました。ハワイ在住のロバート梶原氏が、国連人権理事会でNGOの代表として演説を行い、いかに沖縄が偏見、差別の犠牲になってきたかを（調査により）確かめてほしいと訴えたとのことです。また、翌日の『琉球新報』は、「沖縄差別確かめて、県系四世梶原さん、国連で演説」というタイトルでその記事を掲載しました。

では、実際にロバート氏の発言内容は、どのようなものだったのでしょうか？

彼が発言した動画は、「UN Web TV」という国連のサイトに掲載されています。以下、動画の発言の和訳全文を掲載します。わずか九十秒の間によくこれだけの嘘を詰め込めたものです。是非、熟読ください。

琉球は記憶する限り沖縄になる前には独立国であり、一八七九年日本は琉球の人々の意思に逆らい不正に併合しました。日本はその後に同じ事を他の国に対しても行っており、例えば朝鮮、中国やフィリピンなどです。第二次世界大戦の後には琉球を除いてこれらの国々は独立しました。日本は沖縄戦を利用して、琉球人達の大量虐殺をしました。その間に日本の軍人達は意図的に何千人もの琉球の市民を殺害し、その他の何千人もの市民に自殺するように強制しました。

全てを合わせると、その間の数ヶ月で十四万人の琉球人が殺され、これは人口の三分の一～四分の一に等しいのです。今日、再び、日本は異常な軍事力を琉球に集中して琉球を犠牲にする準備をしているのです。日本が敵の中の一ヵ国から攻撃されれば、また、琉球は全滅させられます。琉球人は長く平和的な抗議をしてこの尋常ではない数の軍備を逆行させようとしています。私達は国連人権理事会がこの問題に対して支援するように促します。それ故に、世界へ向けてこのメッセージを届けることが理事会の最優先事項です。暴力だけが理事会の注目を集めるものではありません。まさにこの国連の基盤が時代遅れになってはいけません。従って、人権理事会は琉球を助けて、琉球人が偏見、差別、大量虐殺で苦しんだという事実を確かめるように主張します。

ご清聴と御考慮に心より感謝致します。ありがとうございます。

（和訳：テキサス親父日本事務局）

「日本軍が琉球人を大虐殺」という大嘘を初めて聞いた方はきっと驚いたでしょう。そして、こんな嘘は誰も信じないと思ったのではないでしょうか？　沖縄戦で多くの沖縄の人を殺害したのは、日本軍でなく米軍であることは世界が知ることです。

しかし、現実は大きく異なり、大嘘が通用するのが現在の国連なのです。国連は平成二十年より、沖縄の人々は日本人ではなく、明治以来日本から差別的支配を受けているマイノリティであり先住民族だと断定しているのです。これまでに、自由権規約委員会で二回、人種差別撤廃委員会で三回の合計五回、日本政府に対して、琉球の人々を正式に先住民族として認め、その権利を保護せよという趣旨の勧告を出し続けてきたのです。

その発端は、沖縄の人々が望んで始まったのではありません。逆に沖縄の議会では一度も議論されたこともないにもかかわらず、沖縄県民が全く知らないところで、東京都に拠点を置く部落解放同盟中央本部を母体とする反差別国際運動や市民外交センターなどのNGOが国連に訴え続けてきた結果、出された勧告なのです。

これまで、政府が何度反論しても琉球人への弾圧を続けるための言い訳だと認識し、これまで複数の沖縄県出身者の民間人が数回にわたり、「沖縄の人々は日本人だ!」と勧告の撤回を訴えても、更に同様の勧告を繰り返し出したのです。

つまり、国連は、「私は先住民族ではない!日本人だ!」と訴え、勧告の撤回を求めた沖縄の人を日本政府の同化政策により、琉球人のアイデンティティを失い、自らを日本人だと思いこんでしまった可哀想な琉球人だと認識したのです。国連のこの認識を正すことは、もはやほぼ不可能なまでになっているのです。

■中国メディアのプロパガンダとそっくり

このように、既に沖縄の人々は先住民族だという認識は、沖縄県民の知らないところで、国連の常識となってしまいました。同じように、日本軍が琉球人を大虐殺したという認識が国連の常識になってしまう日もそう遠くはないでしょう。

では、このプロパガンダは、ロバート氏が自ら考えだしたのでしょうか?

実は全く同じプロパガンダが、二〇一〇(平成二十二)年の尖閣諸島沖中国漁船衝突事件直後から、中国メディアで発信されはじめていました。『環球時報』が二〇一〇（平成二十二）年十一月八日付で、商務部研究員日本問題専門家の唐淳風氏の寄稿という形式で、「中国は琉球独立運動を支持すべき」という記事を掲載していたのです。その中で次のように日本軍による琉球人大虐殺プロパガンダを発信していました。

一九四五年四月、ポツダム宣言、カイロ宣言により、日本政府は占領していた領土をどうしても放棄しなければいけないことを知り、現地の駐屯軍に玉砕令を下達し、琉球人を皆殺しにしました。不完全な統計によると、米軍が琉球を占領する前、日本軍は二十六万人以上の琉球人を虐殺していたが、その規模は南京大虐殺に次ぐものであった。

（原文：一九四五年年四月、日本政府获知不得不接受《开罗宣言》、《波茨坦公告》归还一切被占领土时、竟然以〝担心琉奴带领支那（中国）人清算日本〟为由、下达所谓〝玉碎令〟、要当地驻军杀光琉球人。据不完全统计、在美军夺取琉球前、日军共屠杀琉球民众二十六万余人、屠杀规模之大仅次于南京大屠杀。）

沖縄戦で米軍ではなく日本軍が沖縄の人々を皆殺しにしたという突拍子もないすり替え方はそっくりです。唯一異なるのは、殺された琉球人が二十六万人から十四万人に減ったことです。

沖縄戦での沖縄県出身者の戦死者が十二万二二二八人なので、現実的な数字に近づけたのかもしれません。

　そして、ロバート氏の国連人権理事会での発言は、これまで中国メディアが国内向けに発信していた内容を、初めて国連という国際的な公の場で、中国共産党にかわって発信したということになるのです。

■ロバート梶原氏の不可解なルーツ

　ロバート氏が沖縄の新聞で登場し始めたのは、『琉球新報』が昨年十二月十三日付で、彼がトランプ大統領宛に辺野古工事の中止を求めるインターネット署名を始めたと報道してからでした。現在もその署名第二弾が続行しています。それは、ロバート氏が代表を務める「Peace for Okinawa Coalition」という団体のウェブサイトのトップページで呼びかけられています。

　では、この団体の活動趣旨を確認してみましょう。沖縄の歴史・文化をプロモーションすることにより、国際平和を推進することを目的とした多国籍、多民族の非営利シンクタンクです、と書かれています。続いて、ロバート氏の国連スピーチとほぼ同じ内容の記述が掲載されています。


　日本が沖縄人を犠牲にした沖縄戦を、我々は覚えています。数千人を虐殺し、数千人に自殺を強制し、三ヶ月の間に十二万人から二十万人（人口の二五・三三パーセント）の沖縄の先住民族の生命が失われました。

（原文〝We remember the Battle of Okinawa in which Japan sacrificed Okinawans, murdering thousands and forcing thousands others to commit suicide. Between 120,000-200,000 indigenous Okinawans（25.33% of the population）lost their lives over a three month time span.〟）

彼が主張した「沖縄の基地問題は、琉球人大虐殺の延長線上にある」という認識は、国連のスピーチでいきなり出てきたのではなく、辺野古中止の署名から既に始まっていたということです。

また、彼は沖縄問題に取り組む根拠として、彼が沖縄出身の日系四世で自らをウチナーンチュの血を引くものだということを常に強調しています。

しかし、彼のプロフィールは、それだけではありません。「Rob Kajiwara」という公式ウェブサイトに、彼は琉球人でありアイヌ人であり、ネイティブ・アメリカンであり、ハワイアンであると書かれています。その根拠となる彼のルーツも記述されていますが、あまりにも複雑かつ説明不十分で正確に理解することは極めて困難です。解読できた範囲で概要を説明してみたいと思います。

彼の父は、アメリカインディアンのナワ族の二世、母は琉球人系三世。それに加えて、アイヌ人だというのは、彼の曽祖父が一九〇七（明治四十）年に中城Ｔｕｍａｉ（おそらく中城村泊だと思われる）からハワイに移住してきましたが、その妻は同じく中城村から遅れて来た移民者だということです。そして、その妻の母は長野県出身のアイヌ孤児だというのです。更に父方の高祖母はアフリカからラテンアメリカに奴隷として渡りメキシコで自由を得て、その子供の代にメキシコからカリフォルニアに移住し、その後どこかでハワイに移住してきたとのことです。

なぜ、このような先住民族の集合体のような人物が活動を始めたのでしょうか？

彼が来日中に受けたインタビューの中で、次のような発言がありました。

「向こう十年のうちにハワイ、グアム、プエルトリコ、西パプア、沖縄などで独立回復に向けた多くの進展が見られる！」

これは、彼が沖縄に対してやっている米軍基地撤去のための人権運動を、ハワイやグアムでも同時並行でやっている可能性が高いということです。それを喜ぶのは、他でもない中国です。

彼は、ツイッターでも次のようにつぶやいています。

Some people are worried that China will invade Okinawa if Okinawa becomes independent again.The truth is that China has never harmed Ryukyu, and in fact, China has always treated Ryukyu with much respect and dignity (unlike Japan and the U.S.). China will never invade Ryukyu.

（和訳：沖縄が再び独立するようになるとき、中国が沖縄に侵入するかもしれないと心配している人がいます。真実は、中国が琉球を傷つけたことは一度もなく、中国は常に琉球を尊敬と尊厳をもって扱ってきたことです〝日本やアメリカとは違って〟。中国は決して琉球を侵略しません。）二〇一九年三月二十五日付

Okinawans are not Japanese.

（和訳：沖縄人は日本人ではありません。）二〇一九年三月二十六日付

本当の敵は中国ですが、動いているのが米国人のため、私たちは中国を批判することが全くできないのです。

これは、孫氏の兵法の借刀殺人（自分は手出しをせず、策略を巡らし、他者を利用して、自分が滅ぼしたい人を殺害すること）ではないでしょうか？

■全国の地方議会でも展開される隠れた沖縄切り離し工作

実は、沖縄を日本から切り離そうとする運動は、私たちが気がつかない手法で全国の自治体でも展開されています。

「新しい提案実行委員会（代表：安里長縦）」という沖縄出身者で構成された団体が、全国一七一八自治体の地方議会に「沖縄県民投票の結果を尊重し、辺野古新基地建設の即時中止と、普天間基地の沖縄県外・国外移転について、国民的議論により、民主主義および憲法に基づき公正に解決することを求める意見書」の採択を求める陳情がそれにあたります。提出者の連名に、県民投票の発起人である元山仁士郎氏の名前もあります。

意見書案の要請項目は次の三点です。

一、辺野古新基地建設工事を直ちに中止し、普天間基地を運用停止にすること。

二、全国の市民が、責任を持って、米軍基地が必要か否か、普天間基地の代替施設が日本国内に必要か否か当事者意識を持った国民的議論を行うこと。

三、国民的議論において普天間基地の代替施設が国内に必要だという結論になるのなら、沖縄の歴史及び米軍基地の偏在に鑑み、沖縄以外の全国の全ての自治体を等しく候補地とし、民主主義及び憲法の規定に基づき、一地域への一方的な押しつけとならないよう、公正で民主的な手続により解決すること。

主催団体の公式ウェブサイトによりますと、二〇二一（令和三）年三月十五日時点で、沖縄県外の二十三自治体で意見書が可決されています。

この提案が、これまでの基地反対運動と異なるのは、日米安保を否定していないので、一見して保守系政治家ですら賛同してしまいそうな危険性のない運動に見えることです。

筆者はある自治体で、陳情者の一人と遭遇したことがあります。沖縄県出身の都内在住者で、まだ二十代半ばのように見える若者です。彼の口頭での陳情にも「琉球処分以来の問題」という言葉がありました。陳情の審査終了後、最も気になることを聞いてみました。

「沖縄の人が国連では先住民族だという勧告が出されていることを知っていますか？」

彼の口からでた回答は、「はい、知っています。私は琉球人としてのアイデンティティを持っています」でした。

一瞬耳を疑いました。沖縄出身の若者が自らを琉球人という自己認識を持つことは、通常では考えられないからです。おそらく、特別な学習をどこかで受けたのでしょう。首都圏で沖縄出身の若者をこのように洗脳する新たな動きが始まっていることに衝撃を受けました。

この運動は、基地引き取り運動と呼ばれ、沖縄からの投げかけを受け止める組織も全国各地に発足しています。二〇一五（平成二十七）年に運動が立ち上がり始め、現在、大阪、福岡、長崎、新潟、東京、山形、滋賀、埼玉、北海道の全国十箇所に広がっているということです。現在、フェイスブックで「全国基地引き取り緊急連絡会」というページも立ち上がっています。

これらの関係書物は既に三冊出版され、多くの運動家が執筆していますが、彼らには、共通する沖縄の歴史認識があります。それは、「一八七九（明治十二）年の琉球処分以来、沖縄は日本の植民地主義に差別的支配をされている」という認識です。

現在の、沖縄の基地問題もその延長線上にあります。だからこそ、植民地主義を終わらせるのが、基地引き取り運動だという考えです。これは、朝鮮人の反日感情の根源となる歴史改竄の手法と全く同じであり、永遠の被害者を生み出す運動です。沖縄県民を朝鮮人化する洗脳運動が水面下で進められていると言わざるをえません。

■外堀は埋められ、内部からも侵食されている沖縄の歴史戦

筆者は、この琉球人大虐殺プロパガンダは、単体のプロパガンダとは認識していません。南京大虐殺プロパガンダや従軍慰安婦プロパガンダの「日本軍は鬼畜生だ」という認識が土台にあって、初めて成り立つプロパガンダだと認識しています。

「中国や朝鮮は日本軍にひどい目に遭わされたが、日本が軍国主義化した明治維新で真っ先に

犠牲になった国が琉球王国であり、その後の沖縄戦では南京大虐殺と同じ規模の大虐殺が行われ、日本の敗戦後、中国に返還されるはずの沖縄が、日米の密約により日本に施政権が譲渡されてしまい、いまだに唯一日本に植民地支配されている悲劇の島」というシナリオです。

つまり、朝鮮人、中国人に加えて、琉球人という日本の被害者をでっちあげ、朝鮮、中国、琉球という反日包囲網の構築を狙っているように思えるのです。

沖縄に拠点を置かれた反日思想は、これまでの二つのプロパガンダと異なり、民族の分断と領土の喪失が起きかねない危険なプロパガンダなのです。ロバート梶原氏の国連発言で、実際にそれが始まろうとしているのではないでしょうか？

「沖縄の人は日本人である」

これは、日本国内ではごく一部の人を除いて通用する常識です。しかし、一歩国外に出れば状況は異なります。そもそも沖縄のことなど詳しく知る人はほとんどいません。もし、詳しく知っている人がいたとしたら、沖縄の歴史を英語で学んでいるため、必ず江戸時代以前の沖縄のことを「日本から独立していた琉球王国（Ryukyu kingdom）」と認識しているはずです。そうすると、沖縄は日本の植民地だと主張する人たちの声が正しく聞こえてしまうのです。

そのため、ロバート氏の運動や国連の沖縄の人々を先住民族とする認識を放置していると、中国だけでなく、他の国まで、沖縄は日本の植民地だと思いこんでしまう危険性が高いのです。特に、ハワイ、南米をはじめ、世界各国在住の沖縄県人が巻き込まれ、各国からロバート氏と同じようなことを主張され始めたら最後です。どのような反論も通用しなくなってしまうでしょう。

また、国内でもこれから本格化することが予想される基地引き取りの運動にもさらなる警戒が必要です。彼らは民主主義的な議論が重要だと主張していますが、おそらく、彼らは国連の沖縄の人々を先住民族とする勧告を根拠に、沖縄の基地問題は日本の植民地主義の結果であり、全ての本土の人が無自覚の加害者であると、熱く訴え続けるでしょう。その思想を広げ、日本政府に国連勧告を認めさせることこそ、彼らの真の狙いではないでしょうか？

今すぐには国民の認識は変わりませんが、このまま放置していると、浸透する可能性は大です。その時に、沖縄の米軍基地撤去の危機が現実のものとなりかねません。先住民族の権利に関する国連宣言の三十条で、先住民族の土地での軍事活動は禁止されているからです。不幸にも日本はこの宣言に批准しているのです。実は、国連から見ると、辺野古移設工事は、国連宣言違反なのです。よって、日本政府は国際世論によって、不利な立場に追い込まれないように特段の警戒をするべきです。

スパイ防止法のない現在の日本には、困ったことにロバート氏の発言も、基地引き取り運動も、止めることのできる法律はありません。また、沖縄が日本の植民地ではないと海外の人を説得できる公式な歴史認識も理論もありません。

日本政府は、この危機に対して、速やかに二つの準備をはじめなければなりません。一つは、議会を介さずに国内外の沖縄の人々を先住民族とする運動を始めることを禁止する法律の制定です。もう一つは、沖縄は古来より日本の一部であり、沖縄の人々は、日本創世記から日本人であるという公式な歴史認識の構築と国内外への普及です。

これは、決して歴史歪曲ではありません。世界一歴史の古い日本にとって、日本とは統治の有無に関係なく古来より日本人（縄文人）が住んでいたエリアであり、それらの国家形成の歴史であるからです。また、沖縄の歴史を研究すればするほど、沖縄には古い日本が残っていることが見えてくるはずです。詳細は二章を御覧ください。

アイヌ新法成立で大きくなる「琉球独立工作」の火種

■北海道だけの問題じゃないアイヌ新法

アイヌ民族を法律として「先住民族」と初めて明記したアイヌ新法が、二〇一九（平成三十一）年四月十九日、国会で成立しました。この政府の動きは、沖縄問題を専門として活動している筆者にとっても看過できないものだと認識しています。

二〇一九（令和元）年八月十六、十七日の二日間にわたり、スイス・ジュネーブの国連人種差別撤廃委員会で対日審査が行われました。日本政府代表の外務省の大鷹正人・国連担当大使は、初日の全体説明で、真っ先に二〇二〇（令和二）年四月にアイヌ文化センターをオープンすることについて紹介しました。先住民族であるアイヌの象徴空間を建設し、文化保護に力を入れていることをアピールしたのです。

全体説明終了後、各委員から日本政府に対して質問が行われました。「アイヌ語は危機にひんしているが、学校で教えられていない」「教育や労働、文化・言語の権利が保障されていないのではないか」などといった内容でした。

先住民族の人権問題として指摘されているのはアイヌだけではありません。沖縄についても、以下のような多くの指摘を受けました。

「琉球・沖縄の人たちを先住民族として認め、権利を守ることが必要である。しかし、日本は先住民と認めることを拒否している」「日本の本土から移住した人は別として、琉球の人たちの先住民性を認め、権利を守る必要がある」「琉球・沖縄について、日本は先住民族ではないというが、米軍基地があり、事故が起き、人々が苦しんでいる」。

二日目、大鷹代表から前日の質問に対する回答が述べられました。アイヌに関しては、「アイヌ生活実態調査が定期的に行われていますが、生活状況の向上は着実に効果を上げている」

と回答しました。

沖縄に関しては、「先住民はアイヌ以外には存在しない。沖縄の人々が先住民だとの認識は国内に広く存在しない」「米軍による事故について、米軍普天間飛行場（沖縄県宜野湾市）の名護市辺野古移設が、危険を一刻も早く除去する唯一の解決策である」と回答しました。

沖縄についての回答は、筆者もその通りだと思います。アイヌに関しては専門家でないので、問題点の指摘は他の専門家に譲ります。

しかし、アイヌ新法の成立が「琉球独立工作」という最も危険な火種に油を注ぎ込むことになるのではないかと、大きな危惧を抱いています。それは、琉球独立工作に関して忘れられないある出来事があったからです。

二〇一四（平成二十六）年、糸数慶子参院議員が米ニューヨークの国連本部で、先住民族代表としてスピーチを行ったことが地元紙に報じられました。筆者はその報道を知り、抗議するために、彼女の所属する沖縄社会大衆党の事務所の連絡先を探し出し、電話で次のように追及しました。

筆者：私は沖縄県出身の者だが一度も自分を先住民族だと思ったことはない！　あなた方は『沖縄の自己決定権の回復』を唱えているが、それは日本政府に沖縄県民を先住民族と認めさせて、その権利を獲得するということではないのか。

社大党職員：はい、そうです。

筆者：では、大事なことを隠しているのではないか？　先住民族の権利を獲得するかもしれないが、それにより、日本人としての権利を失うではないか。それを隠しているのは卑怯だ。

この追及に対し、社大党職員が言葉に詰まるだろうと予想していたのですが、思いもよらない回答が返ってきたのです。

社大党職員：仲村さん、心配はいらないですよ。アイヌの人々は、既に政府により先住民族だと認められていますが、彼らは日本国民であり何の権利も失いませんよ。

この答えに、筆者は衝撃を受けました。彼らの求める沖縄の「自己決定権」とは、日本人としての権利を維持したまま、先住民族の権利を上乗せで獲得すること、つまり先住民族特権だったのです。つまり、総額三千億円の沖縄振興予算を受け取る権利を維持しながら、先住民族の土地の権利により、米軍基地を撤去する権利を新たに獲得する運動だったのです。

先住民族の特権のみを獲得しても、何一つ失うものはない。つまり、新たな巨大な「在日特権」が日本に出現するということを意味します。

そして、彼女の言葉に、アイヌが先住民族として認められたのなら、いずれ沖縄も先住民族として認められるべきだという思いも込められていることにも、強い危機感を覚えたのです。

■アイヌ新法と琉球独立工作は繋がっている

二〇一五（平成二十七）年九月、沖縄県の翁長雄志前知事の国連人権理事会での演説に同行していた非政府組織（NGO）代表がいます。沖縄県民を先住民に認定させる運動を展開する「市民外交センター」代表で、恵泉女学園大の上村英明教授です。

NGO「反差別国際運動」が発行した「日本と沖縄～常識をこえて公正な社会をつくるために」という小冊子に、彼のプロフィールが掲載されています。

一九八七年以降、アイヌ民族の先住民族としての権利を支援し、国連人権機関を舞台に活動。一九九六年以降、琉球民族の代表の国連における活動を支援。二〇一五年、翁長雄志沖縄県知事とともに、国連人権理事会に参加。

つまり、彼は三十年以上前から国連を舞台にアイヌの先住民族の権利を獲得させる運動を開始していたのです。さらに、沖縄についても県民や県出身者の全く知らないところで、同様の活動を二十年以上続けてきたのです。

また、反差別国際運動のウェブサイトの人種差別の項目には、「日本には目に見えなくされた人種差別がある」とした上で、「その影響を受けているのは、部落、アイヌ、琉球・沖縄の人びと、日本の旧植民地出身者とその子孫、そして外国人・移住労働者です」と書かれています。

このNGOが、アイヌと沖縄両方の先住民族の権利獲得運動の事実上の本部と見て間違いないでしょう。つまり、アイヌ新法が成立した後は、琉球民族の権利獲得運動に全力をつぎ込むことが予想されます。

次に現在の沖縄の政治状況を見てみましょう。二月二十四日に辺野古埋め立ての賛否を問う県民投票が行われましたが、投票率は五十二・四八パーセントで、埋め立て「反対」が有効投票の約七十二パーセントでした。

新聞やテレビはこの結果をタテに「圧倒的多数の七割の県民が反対」と報じていますが、それはトリックです。今回の県民投票は、政治家を選ぶ選挙ではなく、県民全体の世論を確認する投票なので、有権者全体を基準にした数字を見る必要があるからです。

そもそも、今回の県民投票は当初、不参加表明をする自治体が現れるなど、実施意義を問われながら始まったいわくつきの「政治イベント」でした。結果的に全県実施となりましたが、県民投票そのものに不満を抱く県民もいるため、約四十八パーセントの県民は「棄権」という形で意思を表したとも言えます。

この棄権数を踏まえれば、反対票は有権者の三十八パーセント足らずということになります。とても「多数の民意」といえる数字ではありません。

それでも、共産党や社民党、労組などでつくる「オール沖縄会議」は、三月十六日には圧倒的多数の民意を背景に、辺野古移設阻止を訴える「県民大会」を開催し、玉城デニー知事は所用で欠席したものの、代読のあいさつで「建設断念まで闘い続ける」と表明しました。

今回特異なのは、この県民投票の結果を地元紙『沖縄タイムス』が英語と中国語でも報道したことです。もちろん、中国共産党機関紙の人民日報など、大手中国メディアも取り上げて報道しました。

そこでは、独り歩きした「七割の民意」が国際発信されているのです。さらに「琉球処分」などの沖縄の歴史解説などを加えると、「日本の先住民族たる琉球民族の人々の七割が、日米両政府による米軍基地の押しつけに反対している」という認識が国際的に広がっていくことにつながってしまいます。

つまり、県民投票は県民の意識調査ではなく、琉球差別を発信する「国際世論戦のツール」

だったのです。「沖縄県民が先住民族だ」という認識ほど、簡単なプロパガンダはありません。日本国内も「琉球王国」の存在を認めているからです。

逆に、外国人に対して、琉球王国が日本から独立した外国だったと認めながら、その子孫である沖縄の人たちは先住民族ではないと説得することのほうが、不可能なぐらい困難なのです。

そのような国際世論が広がったとき、筆者は一つの懸念がぬぐえません。

「アイヌを先住民族として認めながら、琉球王国という独立した国家と文化と歴史を持つ琉球の人々を先住民族として認めないのはおかしい！差別だ！」

このようにアイヌ新法を梃子(てこ)として、琉球独立運動家やその支持団体が琉球独立運動に利用した場合、日本政府はどのように反論するのでしょうか。

『週刊金曜日』への反論

■「沖縄の人々は先住民族」を論破する

二〇二〇（令和二）年九月二十五日に発売された雑誌『週刊金曜日』に、《「琉球は先住民族」の国連勧告に反撃、右派が地方議会巻き込み「歴史戦を仕掛ける」》というタイトルで二ページに渡る論文が掲載されました。私が推進した「琉球・沖縄の人々を先住民族とする国連勧告」

の撤回運動を批判した論文です。

私は「Ｖｉｅｗ　Ｐｏｉｎｔ」というオピニオンサイトに、二〇一六（平成二十八）年四月一日付で、《日本民族再興のチャンス、沖縄の〝歴史戦〟》というタイトルの論文を寄稿したことがありました。

『週刊金曜日』は、その論文の《沖縄の人々を先住民族とする誤解の根源は、日本国民全体に「明治十二年の沖縄県設置まで、琉球王国は独立国だった」という誤った認識が浸透し、それを「琉球処分」と称し、「明治政府の強制併合（侵略）により琉球王国は滅びた」という洗脳により百八十度逆の歴史にすり替えられてしまったことにある。沖縄県の設置は近代国家における日本民族統一の歴史である》というフレーズを紹介、引用して、次のような批判が掲載されていました。

仲村氏は琉球王国が独立国ではなく日本の一部だったと主張したいのだが、琉球王国は日本が江戸時代末期の一八五〇年代に米国、フランス、オランダとそれぞれ修好条約を結び、欧米諸国から独立した国とみなされていた。もうひとつは「明治二年の沖縄県設置」、つまり一八七九年の琉球併合（琉球処分）の問題だ。明治新政府はこの年、軍隊を派遣して武力を背景に琉球国王を首里城から退去させて東京へ連行。琉球王国の併合を強行し植民地化した。その後、日本は沖縄の同化・皇民化政策を進め、「沖縄戦」では本土決戦を遅らせる「捨て石」とし、戦後は米軍の占領・軍政を経て復帰した沖縄に米軍基地の負担を押しつけるなど差別政策をとっている。

批判を二点に集約すると、一点目は、「琉球は一八五〇年代、米仏蘭と条約を締結しており、これは琉球が紛れもない独立国であることを物語っている」。二点目は、「その琉球王国を日本は植民地化し、沖縄戦で捨て石にし、戦後は米軍を押しつけ、差別してきた。よって、国連の沖縄の人々を先住民族とする勧告は正しい」となります。

そして、彼らの批判が正しいかどうかは、結局一点目が事実か否かに集約されます。琉球は果たして西洋列強と主体的に条約を締結した独立国だったのか。それが事実なら二点目の「強制併合された」が成り立ち、「沖縄の人々が先住民族で、日本から差別されてきた」という話が論理的に成り立ちます。これから私が反論する、「幕末の琉球は既に日本の一部」であることが立証され、一点目が成り立たない場合は、自動的に琉球処分は他府県と同じ「廃藩置県」であり、内政上の施策であったことになります。

よって、本項では、琉球は、米仏蘭と修好条約を締結したけれども、実は既に日本の一部だったということを証明することによって、『週刊金曜日』の「沖縄の人々は先住民族」論に対して論破します。

■琉球国独立偽装は、薩摩の外交戦略

まず、この『週刊金曜日』の批判は、封建制度の江戸時代の外交問題を近代国家の常識で批判していることが大きな誤りなのです。

実は幕藩体制下において、諸藩が独立国であるかのような行動をした事例は少なくありません。薩英戦争が代表的な例です。薩摩藩は単独でイギリスと戦争しました。琉球が外国と条約を締結したことを持って独立国というのなら、イギリスと戦争した薩摩こそ独立国といわなければなりません。しかし、江戸時代の薩摩は日本とは異なる独立国とする学説は存在しません。なぜなら、幕藩体制下において、地方の大名は、徳川幕府へ忠誠を誓いますが、それぞれが独自の軍隊や徴税権も持つ、半独立国だったからです。

江戸時代には諸藩が三百あったといわれています。薩摩藩は七十二万八千石と全国で四位の石高の大大名でしたが、その内の十二万四千石は琉球国の石高だったのです。それは、石高では三十位の立派な大名でした。しかし、琉球国は薩摩の領地であり、薩摩藩の中には、薩摩国、大隅国などが存在するのと同じように、琉球国も含まれていたのです。ここで、薩摩支配の琉球の地位を確認しておきます。

一六〇九年、島津家久は琉球の義務不履行と非礼を理由に討伐の軍を送り、尚寧王を降伏させ、掟十五ヶ条を布告し、これにより琉球の対外貿易を完全に統制しました。一六二八年には、琉球への出先機関として在番奉行を設置し、間接統治を確立しました。

一方、明国の冊封使が渡来すると、薩摩藩の役人は首里と那覇から姿を消すなど、薩摩と琉球の関係は漏れないようにしました。しかし、明国は、琉球を薩摩が支配していることに気がついていましたが、表面上は気がつかないふりをして、不問にしていたという事実もあるようです。諸外国は、（表面上）琉球が独立国であると見ていましたが、その実態は、薩摩が実効支配していました。

一方、朝貢先である明国や清国の出先機関が琉球に存在したことはなく、琉球に対して法律や徴税を課したこともありません。清の時代に漢民族のように辮髪を強制させられることもありませんでした。朝貢冊封関係とは、名目的儀礼的なものにすぎなかったのです。

さて、そのような位置づけにあった琉球は、地政学的要所にあるため、幕末において真っ先に西洋列強の開国圧力に襲われたのです。琉球の米仏蘭との条約締結は、単純な琉球という独立国と外国の条約締結として扱うには、あまりにも現実との乖離が大きいのです。その背後にあった薩摩や江戸幕府の対応をあわせて把握することで、本当の歴史が見えてくるのです。

薩摩と江戸に最も大きな衝撃を与えた「フランス軍艦来琉事件」の経緯を辿りながら、確認してみましょう。

■仏の軍事圧力への対処策

ペリーが浦賀に姿を現す九年前の一八四四年四月二十八日、フランスの軍艦「アルクメール号（艦長デュプラン、乗員二百三十人）」が通信、貿易、布教の許可を求めて那覇に到着しました。フランスは、アヘン戦争で清国に勝利し南京条約で様々な権益を得たイギリスと競うようにやってきたのです。

当時の琉球は薩摩の支配下にあり、鎖国令に従って全てを頑なに拒否しましたが、フランス軍は強引にフォルカードという神父と中国人の通訳を上陸させました。フランス側によると、やがて皇帝の名のもとに大艦隊が条約を締結しようと訪れるので、その時に備えるべく「琉球語」を習得させるというもので、フォルカードは護国寺（現在の波上宮の隣）に保護されました。

この前代未聞の大事件は、決して琉球だけの問題にとどまらず、即座に江戸に滞在する薩摩藩主・島津斉興（なりおき）に報告されました。那覇から鹿児島県の山川港までは飛船、そこから江戸までは早馬で伝達されました。琉球のフランス軍艦に関する報告を聞いた斉興は老中・阿部正弘に内申。フランス軍艦による琉球開港圧力は、幕府にも衝撃を与えたのです。

阿部は、同年八月十一日、家老・調所笑左衛門広郷（ずしょしょうざえもんひろさと）に琉球への警備兵派遣を命じました。薩摩は二階堂右八郎を責任者として総勢七十五名を琉球に派遣しました。これは紛れもなく琉球が独立国ではない証拠で、江戸幕府や薩摩が琉球を守ることに責任を持っていたことを物語るものです。

調所笑左衛門広郷

薩摩が琉球を守ることに知恵を絞り出していたことがわかる文書も存在します。薩摩藩士・五代秀堯（ごだいひでたか）が執筆した「琉球秘策」です。軍事圧力を背景にした琉球へのフランスの開国要求に薩摩藩としてどう対処すべきか、問答形式で具体的に論じたものです。それは、「琉球ノ処分ハ、絶ト和トノ二策ヲ主トスヘシ」と武力で抵抗することの不可能を説き、琉球における和交の方策を具体的に論じたものです。重要箇所の口語訳（訳者・高里智佳女史）を紹介します。

琉球でいったん戦争が起これば薩摩藩は精兵大軍を送って戦うことになるが、海上の戦いでは勝ち目はなく、たとえ首里城を拠点に戦っても多勢に無勢で、中山王かならず降参し、外は急卒の応援なく最後の勝利を期待することはできない。しかも、大軍を琉球へ派遣すれば、薩摩藩の守りが空虚となるだろう。そこにヨーロッパ諸国が連合して押し寄せ

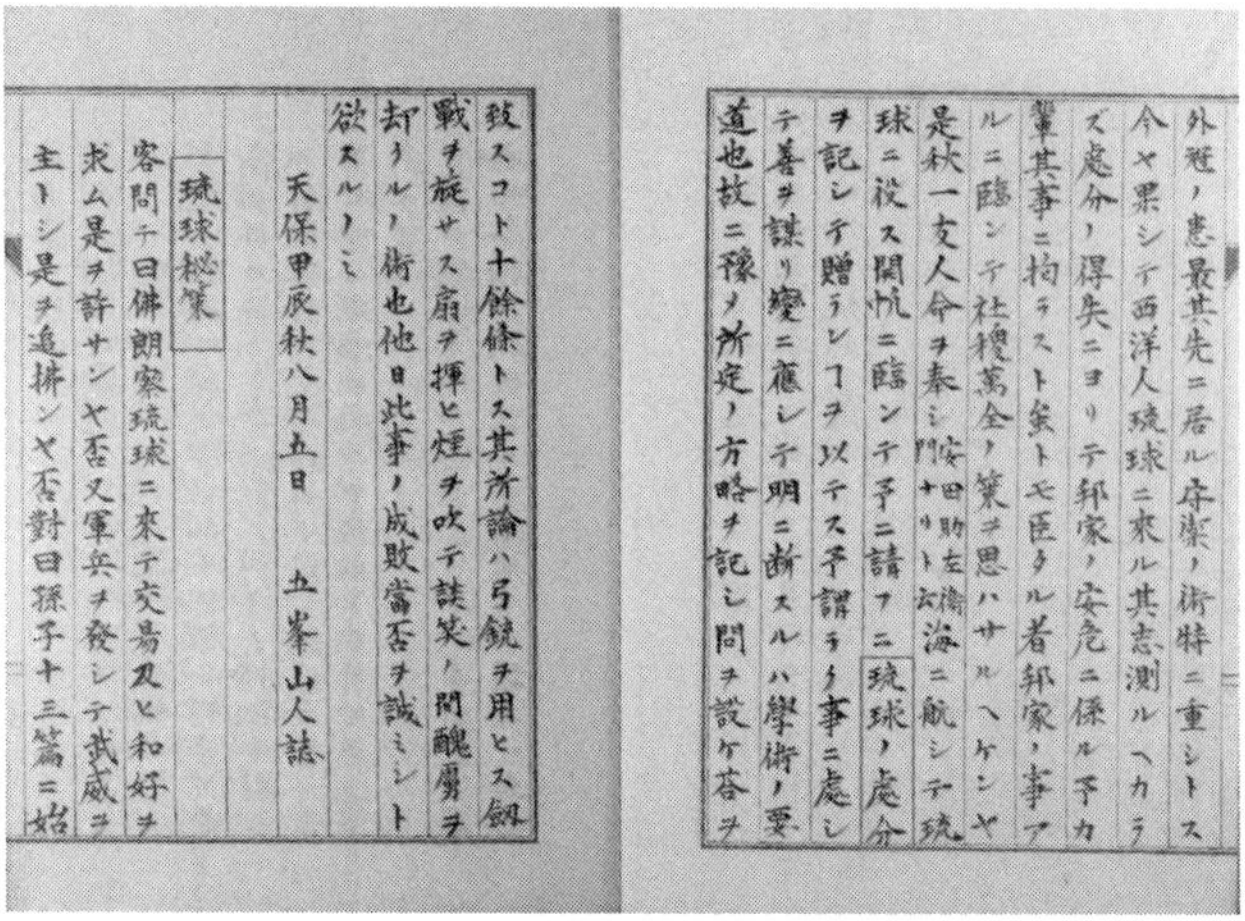

外寇ノ患最其先ニ居ル存策ノ術特ニ重シトス今ヤ果シテ西洋人琉球ニ来ル其志測ルヘカラス處分ノ得失ニヨリテ邦家ノ安危ニ係ル予カ輩其事ニ拘ラスト雖トモ臣タル者邦家ノ事アルニ臨ンテ社稷萬全ノ策ヲ思ハサルヘケンヤ是秋一友人命ヲ奉シ（安田助左衛門ナリト云）海ニ航シテ琉球ニ役ス關帆ニ臨ンテ予ニ請フニ琉球ノ處分ヲ記シテ贈ランコヲ以テス予謂ラク事ニ處シテ善ヲ謀リ變ニ應シテ明ニ斷スルハ學術ノ要道也故ニ豫メ所定ノ方略ヲ記シ問ヲ設ケ答ヲ致スコト十餘條トス其所論ハ弓銃ヲ用ヒス劔戰ヲ旋サス扇ヲ揮ヒ烟ヲ吹テ談笑ノ間醜虜ヲ却ケルノ術也他日此事ノ成敗當否ヲ試ミント欲スルノミ

天保甲辰秋八月五日　五峯山人誌

琉球秘策

客問テ曰佛朗察琉球ニ来テ交易及ヒ和好ヲ求ム是ヲ許サンヤ否又軍兵ヲ発シテ武威ヲ主トシ是ヲ追拂ンヤ否對曰孫子十三篇ニ始

五代秀堯『琉球秘策』

れば、是よりして日本国中の干戈（戦争）となるべし。故に琉球の処分は絶と和の二策を主とし、決して「戦」の選択肢を用いてはならない。

「琉球秘策」では、このように琉球防衛、薩摩防衛、日本全体の防衛を一つの防衛戦略としてリアルにシミュレーションしていたのです。その結果、まず、交渉によってできる限り鎖国を貫き通すが、それができない場合は開港するべきだと説いています。しかし、単に開港しただけではいけないと戒めてこう続けています。

通商が始まれば、西洋人の勢いが強まり、侵略のきっかけを生むことになる。故に、これから、こちらも別段の武器や力をつけるために兵を稽古させ、それに備え、西洋人の勢いを抑える。武器や力をつけることを第一にすべきこととなる。

つまり、これまでの江戸幕府の鎖国という祖法を見直して、開港し、西洋列強を上回る軍事力をつけるべきだと説いたのです。これこそが、富国強兵という思想のルーツであり、それは薩摩の琉球防衛から始まったということです。ちなみに、明治時代に富国強兵策を推進した五代友厚は五代秀堯の次男です。

■島津斉彬の幻の軍艦購入計画

島津斉彬(なりあきら)は、フランス軍艦が来琉した翌年には幕府の許可が下り、江戸から薩摩に戻ると、藩主・島津斉興に代わり、先頭に立って指揮を執りました。その時、斉彬の頭の中にあったのは、鎖国の徹底ではなく琉仏貿易の推進による富国強兵政策の実行です。

斉彬は、薩摩に到着した直後に琉球に対して、布教以外は全て受け入れるように飛船で指示を出していました。また、「運天港(今帰仁(なきじん)村)に商館を建て、薩摩の資金を投入しフランスとの貿易を開始。そうすれば、琉球も利潤が大きくなる」と説得しました。

しかし、琉球側は、いくら薩摩の意向とはいえ、これればかりは受け入れられないと回答。にもかかわらず、斉彬の琉球開国準備は着々と進められ、一八五五年十月十五日に琉仏修好条約を締結したのです。ペリーと琉米条約締結の二年後です。

結局、琉球のフランスとの条約締結は、琉球が主体的に行ったものではなく、島津斉彬の戦略の中で締結されたものだったのです。

フランスとの条約の締結を実現したあと、斉彬は、腹心の市来正右衛門（いちきまさえもん）に一八五七年八月十七日から二十三日にかけて途方もない密命を一つ一つ与えました。

島津斉彬

◇英・仏・米の三国に薩琉の留学生を派遣させ（薩摩から六人、琉球から三人）、語学、砲術、航海、造船を学ばせ、各国の情報収集も担わせること。
◇先島漂流移民保護のため台湾に琉球船の停泊港を設け、貿易を開くこと。
◇琉球と大島の二港で中山王名義で外国貿易を始めること（外国とは当面、蘭・仏）。
◇蒸気船二隻（軍艦一隻、商船一隻）と年間五千丁から七千丁の製造能力のある小銃製造機を琉球名義で買い入れること。

最後の密命は、最も重要なもので、日本中で数十万丁の銃は必要であり、他藩や幕府にも売り、そのお金で、薩摩の国防を完成させることを考えていました。そのため、なるべく早く購入するように命じていました。

市来は、十月十日に那覇に渡り、十一月三日に琉球当局にこの密命を伝えました。当初、外国貿易と留学生派遣等は勘弁してほしいと拒絶してきましたが、市来が藩主・斉彬の「琉球一国の都合でもって、日本の安危に及ぶこの計画を断らぬように」という命を伝えたところ、十一月中旬には全てを受諾しました。

翌年の二月十七日、市来は琉装して、「トカラ島医師・伊知良親雲上（琉球国中級士族の称号）」と名乗って、牧志親雲上とともに仏人らを訪問、交渉を開始。ジラールら仏人は喜んで、香港のフランス領事に斡旋。その交渉は七月二十六日まで続き、八月二日、「トカラ島医師」伊知良親雲上こと市来正右衛門、恩河親方、牧志親雲上らが久米松尾山の仏人ジラールと会見、漢文・仏文の契約書を交わしました。

無事、重大な密約を成し遂げた市来は、斉彬に報告しました（おそらく飛船を派遣したものと考えられます）。

しかし藩主・斉彬は、七月八日の教練の閲兵中に体調を崩し、発熱下痢を発症して十六日に急逝していました。

九月二日、斉彬逝去の報が琉球に届き、衝撃が走りました。薩摩では反斉彬の一派が息を吹き返し、一来には、斉彬の密命をすべて破棄して、帰国せよとの命令が届いたのです。

窮地に陥った市来は腹を切って、仏人に謝罪しようとしましたが、みんなが止めて、一計を案じました。発注責任者の「トカラ人医師」伊知良親雲上（市来）が落馬して死んでしまったことにし、これにより、代金調達の道が閉ざされたために、契約を破棄してほしい、もしくは代わりの購入者を見つけるまで猶予してもらいたい、というものです。

九月十四日、摂政、三司官、交渉官らは松尾山の仏人を訪ね、牧志が中心となって説得、約五時間ほど交渉し、ようやく違約金一万ドルを支払って、契約解除にこぎつけ、契約書を取り返したのです。斉彬の計画は一度は挫折したかに見えましたが、斉興の死後、久光の手によって復活してきたのです。

このように、フランスとの貿易は鎖国下の薩摩の最も重要な富国強兵政策のひとつであり、琉球当局の役人は斉彬の手足として動いていたのです。

■「薩摩VS琉球」ではなく「薩摩&琉球」の視点で

最後に薩摩と琉球の深い関係を示す幕末の出来事を紹介します。

一八六七年、パリ万国博覧会が開催され、日本は初めて参加しました。薩摩藩は「日本薩摩琉球国太守政府」を自称、その目的は幕府とは別の「独立国」であることを国際社会に伝え、ヨーロッパにおける幕府の権威を失墜させ、フランスの幕府への資金援助をとめることにありました。その戦略の極めつけが、勲章の製作と贈呈でした。その勲章は、赤い五稜星の中央に丸と十を組み合わせた島津家の紋が白地で乗っていました。紅白のコントラストが鮮やかで、五稜の間には「薩摩琉球国」の五文字が金色に光っています。

薩摩はこの勲章をナポレオン三世以下フランス高官に贈呈したのです。これは、日本初の勲章でもあります。その薩摩の工作が功を奏したかは定かではありませんが、パリ万博開催中の一八六七年十月、徳川慶喜は大政を奉還し、徳川の時代が終わり、その後、薩摩主導で新政府が樹立されたのです。

以上、幕末の琉球と米仏蘭との条約締結は、明治維新へとつながる薩摩の富国強兵政策の一つであることを説明してきました。また、それは、突然起きたのではなく、一六〇九年に薩摩が徳川幕府の権力が直接届かない琉球を従属させてから、その特殊な関係は深化成長してきたのです。

江戸時代は鎖国していたと教わってきましたが、薩摩は一度も鎖国をしたことがありませんでした。江戸時代初期からは琉球の朝貢貿易で、また幕末には琉球名義の西洋との貿易で力を蓄えてきたのです。

その薩摩の志士は最後には徳川に代わって、新政権の中枢の座を占めました。そして、西洋列強による植民地化を回避するために中央集権国家の建設を目指し、最後の廃藩置県として沖縄県が設置されたのです。

「琉球・沖縄の地位」については、戦後多くの研究がなされてきましたが、「薩摩ＶＳ琉球」という対立の視点ではなく、「薩摩&琉球」という複合国という視点で、日本史を研究することによって、琉球が果たした役割が浮き出てくるのではないでしょうか。

琉球は江戸時代においても、明治維新においても、日本という国家において重要な役割を担ってきたのであり、決して、『週刊金曜日』の論調のように、明治時代に突然侵略された先住民族ではないのです。

二章　沖縄は「日本」である

沖縄の言語は紛れもなく「日本語」

■日本の古語を残す沖縄方言

沖縄県を旅行して、地元の方同士で本格的な方言を耳にするとほとんど聞き取ることができず、まるで外国語のように感じた経験をお持ちの方もいらっしゃると思います。また、お土産屋さんを訪れると、方言と標準語の対語表のようなものがあり、それをお土産に買った方もいらっしゃるでしょう。

例えば、「いらっしゃいませ」が沖縄では「めんそーれ」、「こんにちは」は「はいさい」、「男」が「いきが」などと全く異なります。あまりにも標準語とかけ離れているので、「沖縄の方言は単なる方言ではなく外国語のようだ」と感じてしまうこともあるかもしれません。

しかし、沖縄の方言は言語学的には、日本語と同じ祖語から分かれた日本の方言であり、それも、古事記や日本書紀以前の古代日本語がタイムカプセルのように眠っているのです。

《標準語と沖縄方言との比較一例》

標準語	沖縄方言
こんにちは	はいさい（男性）
	はいたい（女性）
はじめまして	はじみてぃやーさい
いらっしゃいませ	めんそーれ
元気	がんじゅー
ありがとう	にふぇーでーびる
いただきます	くゎっちーさびら
ごちそうさま	くゎっちーさびたん
お願いします	うにげえさびら
なんですか？	ぬーやいびーが？
わかりました	わかやびたん
おつかれさま	たいみそーちー
ごめんください	ちゃーびらさい
さようなら	ぐぶりーさびら
男	いきが
女	いなぐ
妻	とぅじ
夫	うーとぅ
息子	いきがんぐゎ
娘	いなぐんぐゎ
私	わん
友達	どぅし
仲間	しんか
家族	やーにんじゅ
兄弟	ちょーでー
子供	わらばー
おいしい	まーさいびーん
塩	まーす
砂糖	さーたー
さとうきび	うーじ
いくらですか？	ちゃっさやいびーが？
どこですか？	まーやいびーが？
頭	ちぶる
美人	ちゅらかーぎー
恋人	うむやー
おしゃべり	ゆんたく
やさしい	ちむじゅらさん
愛しい	かなさん
頭がいい	でぃきやー
強い人	ちゅーばー

例えば、沖縄の方言で蜻蛉（とんぼ）のことを「あーけーじゅー」といいます。それは日本語と全く違うので、「やはり外国語だ！」と思いがちですが、実はその語源は古事記にあります。古事記では本州のことを「秋津島（あきづしま）」と称していますが、「あきづ」とは蜻蛉のことで、日本の島の形が蜻蛉に似ているから「あきづしま」と称したのです。

また、沖縄から遥か離れた東北地方では、トンボのことを「あげず」といい、沖縄の方言と似ています。つまり、古事記の時代に都（みやこ）で使われていた「あきづ」という単語は、日本の両端の東北と沖縄に発音が少し変わりながらも方言として残っており、現在の標準語のほうが「とんぼ」という新しい単語に変化したのです。つまり、変わっているのは沖縄の方言ではなく、標準語の方なのです。

これは、民俗学者の柳田国男が提唱した「方言周圏論」でよく説明されていることです。言語というのは、新しい言葉が中央で使われ始め、池の真ん中に小石を投げ込んだ時にできる波紋のように外側に新しい言葉がだんだん広がってき、辺境の地ほど古い言葉が残されたままになるというものです。

蜻蛉以外にも沖縄の方言では、古事記や日本書紀で使われていた言葉がたくさん残っています。沖縄の方言では頭のことを「ちぶる」といい、頭痛のことを「ちぶるやみー」といいます。語尾の「やみー」は「病（やむ）」の意味です。『ウルトラセブン』に「チブル星人」という頭が大きくIQがとても高いという設定の宇宙人がでてきますが、それは『ウルトラセブン』の脚本を担当していた金城哲夫氏が沖縄出身だったことによるもので、彼が発案命名したものです。「チブル」と「あたま」では全く別の単語のように感じますが、漢字の「頭」は「つぶり」とも読み、古事記でも使われている単語で、それが変化したものです。

また、沖縄の地名には東風平（こちんだ）や南風原（はえばる）などがありますが、南風（はえ）も東風（こち）も古事記で使われている言葉です。このように、沖縄は日本の古語がたくさん残っている地域なのです。

■沖縄方言のルール①母音は長母音を除いて「あ」「い」「う」のみ

しかし、沖縄の方言が聞き取りづらく、外国語のように感じるのには理由があります。それは、母音や形容詞や動詞の活用が標準語と大きく異なるからです。しかし、それには決まった規則があり、その規則さえわかれば、沖縄の方言は難しくありません。

まずは母音ですが、日本語には「あいうえお」の五つの母音があります。しかし、沖縄方言では母音が「あいう」と三つに減り、「え」が「い」に「お」が「う」に変化します。「え」と「お」が使われるのは長母音の時のみです。例えば、「親」を「うや」と発音し「星」を「ふし」、「思い」を「うむい」と発音します。

これを沖縄で最も有名で歌い継がれている民謡「てぃんさぐぬ花」の歌詞で説明してみましょ

う。「てぃんさぐぬ花」は、平成二十四年に沖縄県愛唱歌にも指定されています。

「てぃんさぐぬ花や　爪先（ちみさち）に染（す）みてぃ　親のゆしぐとぅや　肝（ちむ）にすみり」

これが、てぃんさぐぬ花の一番の歌詞です。ちなみにこれは、「琉歌」とよばれる日本の和歌のようなものです。和歌は、五七五七七と句を連ねて歌いますが琉歌八八八六で句を連ねます。口語訳は「ホウセンカの花を爪先に染めるように、親の教えは肝に銘じなさい」という意味になります。作者不明ですが十番まであり、生きる心構えを諭す教訓的な歌となっています。

さて、音の変化を一つ一つ見ていきましょう。この歌詞で日本語の「え行」が「い行」に、「お行」が「う行」に変化した単語がたくさんあります。まず、「つめさき」ですが、「め」が「み」に変化して「ちみさち」と発音しています。それ以外の音は後ほど説明いたします。

「そめて」の「そ」が「す」に、「め」が「み」に、「て」が「てぃ」に変化して「すみてぃ」と発音します。「おや」の「お」は「う」に変化して「うや」と発音。「よせごと」の「よ」が「ゆ」に「せ」が「し」に「ご」が「ぐ」に「と」が「とぅ」に変化して「ゆしぐとぅ」と発音。また、「きも」の「も」が「む」に変化して「ちむ」と発音します。

それ以外の沖縄方言の規則的な発音の変化として、「き」が「ち」に、「つ」が「ち」に、「り」が「い」に変化します。そのため、「つめさきの」を「つ」が「ち」に「き」が「ち」に変化するので「ちみさち」、「肝（きも）」の「き」が「ち」に変化するので「ちむ」と発音するようになります。沖縄の方言で「肝（ちむ）」という単語は、標準語の肝が据わっているという表現よりもう少し広い意味での「心」という意味に近い使われ方をします。甲子園の応援で沖縄チームへの応援では「チバリヨー」という言葉がよく使われますが、これは標準語の「気張れよー」が変化したものです。「きばれ」の「き」が「ち」に「れ」が「り」に変化しただけです。

これを知るだけでも、外国語のように聞こえていた沖縄の方言がほぼ日本語に聞こえるようになってくると思います。沖縄の難読地名に「北谷（ちゃたん）」がありますが、これもルール通りに発音すると「き」が「ち」に変わりますので、「ちたたに」となります。これはとても発音しにくいので自然と「ちゃたん」と発音するようになったものと考えられます。このように「き」が「ち」に変わる方言は、何も沖縄だけでなく、探せば全国各地に多くあるのではないかと思います。

■沖縄方言のルール②形容詞はすべて「さん」で終わる

また、形容詞の変化はとてもシンプルです。日本語の形容詞は全て、「い」または「しい」で終わりますが、沖縄の方言では「さん」で終わります。そのため、「熱い」を「あちさん」、「赤い」を「あかさん」、「甘い」を「あまさん」といいます。

ＮＨＫの朝ドラのタイトルにもなった「ちゅらさん」は、「きれい」とか「美しい」という意味ですが、語源は美しいではなく清らかであり、正しい漢字表記は「清らさん」となります。

日本語の清らかは形容動詞で使われますが、これは形容詞です。ルール通りに変化させると「きよらか」の「き」が「ち」に変わりますので、「ちゅらか」ですが、それが短く発音されるようになって「ちゅら」と発音するようになったものと考えられます。

美人のことを「清ら影（ちゅらかーぎー）」、正装のことを「清ら（ちゅら）すがい」といいます。「すがい」とは服装や身なりのことを意味します。観光用語として「美ら（ちゅら）海」や「美ら（ちゅら）島」と書くことが多くなっていますが、これは造語で正しくは「清ら（ちゅら）島」と書くべきです。沖縄の「ちゅらさん」という意味には外形的な美しさではなく、内面的な美しさ、心の清らかさも含まれていると思います。

■沖縄方言のルール③動詞は「いん」「っちゅん」で終わる

最後に動詞です。標準語の動詞は全て「う」「く」「る」などのう行で終わりますが、沖縄の方言では、主に「いん」で終わり、標準語の「く」で終わる動詞の場合については「っちゅん」で終わります。例えば、「習う」は「ならいん」、「尋ねる」は「たじにーん」、「飛ぶ」は「とぅぶん」、そして、標準語では「く」で終わる「歩く」は「あっちゅん」、「書く」は「かっちゅん」となります。

ここで、てぃんさぐの歌のタイトルの「てぃんさぐ」は、どう変化して「てぃんさぐ」になったのかという疑問が残ります。実はホウセンカという名称は最近の呼び名で、江戸時代の書物にはホネヌキ（骨抜き）やツマクレナイ（妻紅）という名前で記述されていました。また、花で爪を染めたことから「爪紅（つまべに）」とも呼ばれたり、その種を蒔く様子からトビクサ（飛び草）、トビコマ（飛び独楽）、トビシャゴ（飛び車牙・飛び砂）などと呼ぶ地方もありました。では、てぃんさぐの語源は何なのかというと、「飛び砂（しゃご）」と考えられます。「飛ぶ」は方言では「とぅぶん」ですが、「飛び出る」など複数の単語がつながるときには、「とぅんじーん」「飛び」が「てぃん」に変化し「砂（さご）」が「さぐ」に変化して、「てぃんさぐ」に変化したと考えられます。

ここまでの説明でいかがでしょうか？　沖縄の方言はやはり日本語だと感じていただければ幸いです。

■九州地方の方言との比較

沖縄の方言が極端に変わっているように感じる理由がもう一つあります。それは、いきなり、標準語と比較することです。全国各地にはいろんな方言があり、近い地方は似ていて離れるほど異なっているはずです。そこで、九州の方言と沖縄の方言を比較してみたいと思います。

沖縄の方言で、蝶のことを「はーべーるー」と言います。「蝶」と「はーべーるー」ではあまりにも違います。しかし、九州で「はべる」という方言が残っています。また、沖縄の方言では蛾のことを「がじゃん」と言い、九州方言では「がじゃぶ」という言葉が残っています。

沖縄には「ばーけー」という方言があります。奪い合うという意味です。子供が二人で一人のおもちゃを奪い合っているような時に使う単語です。これも、九州の福岡、長崎、鹿児島には同じ意味で「ばかう」という言葉が残っています。ちなみに、独り相撲のことを「どーちゅいばーけー」といいます。「どぅ」は「自分」、「ちゅい」は「一人」という意味で、「自分＋一人＋奪い合い」で、独り相撲という意味になります。

このように、沖縄の方言と九州の方言はかなり似ているところがあります。

■沖縄方言と奄美方言の比較

沖縄方言と最も近い方言は、奄美の方言です。沖縄方言で太陽のことを「てぃだ」といいますが、奄美も全く同じです。子供のことを沖縄方言では「わらび」、奄美では「わらぶぃ」とほとんどおなじです。両者とも「童（わらべ）」が語源です。

馬鹿者のことを「ふりむん」という方言も同じです。「気が狂った」ことを「気が触れた」ともいいますが、「ふりむん」の語源は気が触れた人、「触れ者（ふもの）」です。

江戸時代には、奄美は薩摩の直轄地、琉球は那覇に薩摩の在番奉行が置かれて間接支配される地として、政治的に大きな壁がありました。明治維新後は、鹿児島県と沖縄県として別の行政区域とされ、政治的に大きな距離がありました。しかし、方言はほぼ通じるぐらいの共通性があるのです。

奄美方言と沖縄方言の一番大きな違いは、奄美では、「き」が「ち」に変わらないことです。ですので、奄美では、「ちゅらさん」とか「ちゅら海」とは言わずに、「きゅらさん」「きゅら海」とそのまま発音します。「ちゅら」の語源が「清らか」であることが、より明らかになったと思います。

■日本の方言の系統図

さてここで、沖縄方言の言語学的な位置づけと歴史を振り返ってみたいと思います。

現在の言語学では、日本の言語系統は、まず本土方言と琉球方言に分かれ、本土方言は、東日本方言と西日本方言に分かれ、東日本方言は、北海道方言、東北方言、関東方言などに、西日本方言は、近畿方言、中国方言、四国方言、九州方言などに、そして琉球方言は、北琉球方言と南琉球方言に分かれ、北琉球方言は奄美方言と沖縄方言に、南琉球方言は、宮古方言、八重山方言、与那国方言に分かれているとされています。

このような現代言語学における沖縄方言の位置づけを明らかにしたのは、実は日本人でなくイギリス人でした。そのイギリス人とは一八七三（明治六）年、お雇い外国人として来日した二十三歳のバジル・ホール・チェンバレンという日本研究家です。

横浜から上陸したチェンバレンは、東京都芝区の青龍寺を仮住まいとし、浜松藩の荒木という老武士から古今和歌集、万葉集、古事記、枕草子などの古典を学びました。翌一八七四（明治七）年から一八八二（明治十五）年まで東京の海軍兵学寮（後の海軍兵学校）で英語を教え、その間に古事記を全てを英訳するという偉業を成し遂げました。それらの成果が評価され、一八八六（明治十九）年には東京帝国大学の外国人教師となりました。そして、一八九三（明治二十六）年の早春、沖縄県の那覇港に降り立ったのです。

チェンバレンは、当時の沖縄県令・奈良原繁に来沖の目的を告げ、那覇の街に出て、庶民の会話に耳を傾け、沖縄の方言の研究に着手しました。琉球の古語をまとめた『混効験集』や沖縄の万葉集といわれる『おもろそうし』を研究し、わずか二年で沖縄方言の辞書と文法を体系化してまとめあげたのです。その原著のタイトルが『Essay in Aid of a Grammar and the Dictionary of the Luchuan Language（琉球語の文法と辞書のためのエッセイ）』です。

エッセイという控えめなタイトルに反し、この書籍は、当時、日本の誰もなし得ていなかった沖縄方言の全貌を明らかにしたものでした。チェンバレンは、ヨーロッパの言語学手法を取り入れ、沖縄方言を平安朝時代を中心とする日本の古語と比較し、両者は紛れもなく、共通の祖語から分かれてきた姉妹語であることを証明したのです。それ以来、前述したように沖縄方言は体系的には日本の方言の一部として認識されてきたのです。

ところが、最近新たな学説も出始めています。日本の方言は、本土方言と沖縄方言に分かれるのではなく、「九州・琉球語派」と「中央日本語派」に分かれるという学説です。この学説を唱えたのは、一橋大学大学院・社会学研究科准教授の五十嵐洋介氏です。私が入手した論文は二〇一六（平成二十八）年のものです。

それによると、琉球諸方言のみが共有されてきたとみなされていた言語改新を九州諸方言の一部が共有している事実に基づき、「九州・琉球語派」なる言語系統を提唱しているとのことです。二〇〇八（平成二十）年にユネスコが琉球諸語を消滅危機言語のリストにいれてから、沖縄の方言は日本の方言でなく独自の言語だとする見解が広がっています。

しかし、このような研究が進むと、ユネスコの主張が荒唐無稽な誤りであることがわかり、沖縄の方言が身近な日本語の一部であることが明らかにされていくと思います。

■那覇を中心にした方言周圏論

今度は、沖縄県内の方言の違いを見てみましょう。

沖縄県は一見小さな県のように見えますが、その行政区域は東西約千キロメートル、南北約四百キロメートルと極めて広く、その広大な海域の中に大小約百六十の島が点在し、そのうち四十七の島が有人島です。

方言というのは、陸続きであっても山や川を隔てると大きく異なっていることが多いのですが、沖縄においては海を隔てているため、隣の島とは方言がかなり違っていて、理解できないというのはよくある話です。沖縄本島にも宮古島出身の方が多く住んでいますが、宮古出身の方同士で方言で会話されると、沖縄本島の人には全く聞き取れません。そのため、沖縄本島の方と宮古島の方が結婚すると、家庭での会話は標準語となります。結果、その子供は方言にふれずに育つことになります。

そう考えると、よく「戦前は、学校で方言をしゃべると方言札をかけさせられ差別された」などといいますが、標準語の普及によって、全国四十七都道府県のうち最も大きな恩恵を受けたのは沖縄県民だといっても過言ではないと思います。標準語普及前までは、おそらく首里の方言が事実上の標準語だったと思いますが、離島においてそれを学ぶことができるのはごく一部の士族階級の人たちだけで、ほとんどの庶民は首里方言など勉強する機会もなかったのではないでしょうか。そのため、異なる島の方と結婚するといっても会話がなりたたず、ほぼ不可能だったのではないかと思うのです。

さて、宮古方言が聞き取りづらいのには理由があります。実は、宮古方言では、「は行」の発音がかなり変わります。沖縄方言では「はひふへほ」が「はひふひふ」に変わるのですが、宮古方言では「ぱぴふぴぷ」とかわります。そのため、「歯（は）」を「ぱー」、「鼻」を「ぱな」と

《日本語と宮古方言との対応関係》　※上段が日本語、下段が宮古方言

ワ	ラ	ヤ	マ	バ	ハ	ナ	ダ	タ	ザ	サ	ガ	カ	ア
ba	ra	ja	ma	ba	pa	na	da	ta	za	sa	ga	ka	a
ヰ	リ		ミ	ビ	ヒ	ニ	ヂ	チ	ジ	シ	ギ	キ	イ
bï	ï		mï	bï	pï	ni	zï	cï	zï	sï	gï	cï	i
	ル	ユ	ム	ブ	フ	ヌ	ヅ	ツ	ズ	ス	グ	ク	ウ
	ru	ju	mu	v	fu	nu	zï	cï	zï	sï	gu	fu	u
ヱ	レ		メ	ベ	ヘ	ネ	デ	テ	ゼ	セ	ゲ	ケ	エ
bi	ri		mi	bi	pi	ni	di	ti	zi	si	gi	ki	i
ヲ	ロ	ヨ	モ	ボ	ホ	ノ	ド	ト	ゾ	ソ	ゴ	コ	オ
bu	ru	ju	mu	bu	pu	nu	du	tu	zu	su	gu	ku	u

発音します。また、「つ」が「ち」に、「す」が「し」に、更になぜか「く」が「ふ」に変わります。沖縄方言のことを沖縄方言では、「うちなーぐち（沖縄口）」といい、宮古方言のことを「みやこぐち」と言いたくなるのですが、宮古方言では宮古方言のことを「みやーくふつ」といいます。「口（くち）」の「く」が「ふ」に変わり、「ち」が「つ」にかわるので、「口（ふつ）」となるからです。

　宮古方言で特筆することは、「は」を「ぱ」と発音することですが、実は日本の奈良時代以前の日本語でも「は」を「ぱ（pa）」と発音していました。それが奈良時代に「ふぁ（fa）」となり、江戸時代初期に「は（ha）」に変化したと言われています。

　これに関して有名なものに、「母には二たび会いたれども　父には一度も会わず」という室町時代のなぞなぞがあります。

　その答えは「唇」なのですが、現在の発音では、「はは」

も「ちち」も上唇と下唇が合わさることありません。それが長い間謎だったのですが、ある学者が、当時は母を「fafa」と発音していたのではないかということに気がついたというのです。ということは、宮古島の方言は、辺境の異質な方言ということではなく、逆に、日本の平安以前の言葉が、そのまま残っていたということではないでしょうか。

では、沖縄本島では、どうでしょうか？

沖縄本島の方言を調査した資料がありますが、中部以南はほとんど「は（ha）」で発音されますが、恩納村以北では「は（ha）」の音がなくなり、「ふぁ（fa）」や「ぱ（pa）」のみになってきます。それも本部半島や国頭等、那覇から離れる地域ほど「ぱ（pa）」の音が多くなっていきます。

では、宮古島以外の離島ではどうでしょうか？

石垣島は「は(ha)」の音も残っていますが、ほとんど「ぱ(pa)」です。西表島はすべて「ぱ(pa)」、それ以外の小浜島、黒島、多良間島なども全て「ぱ(pa)」です。例外的になぜか与那国島だけは、「は（ha）」になっています。

このことから、新たな仮説が立てられます。那覇や首里を中心とした「方言周圏論」です。

前述したように言語というのは、中央から変化していきます。辺境の地ほど変化が遅れ古い言葉が残っていきます。日本全体から見た場合、最も中央から離れたのは沖縄ですが、沖縄で本土の影響を最も受けるのは、その玄関となっている那覇や政治の中心だった首里です。沖縄の中で最も言語の変化が先に起こるのが那覇や首里であり、そこが中心となって沖縄の言語は変化していくというものです。

つまり、日本の奈良時代以前につかわれていた「ぱ（pa）」という音や、江戸時代初期まで使われていた「ふぁ（fa）」という発音が、沖縄には、首里や那覇を中心にした年輪のように残っているということです。沖縄の方言は日本の古語のタイムカプセルというだけではなく、化石層と言えるのではないでしょうか。

沖縄の神社は誰がつくったのか

■本土と地続きといえる沖縄の神社の歴史

毎年多くの方が観光やビジネスで沖縄を訪れています。沖縄の歴史に関心を持たれる多くの方が訪れるのは、世界遺産に指定された首里城を始めとしたグスク（中城城跡、座喜味城跡、勝連城跡、今帰仁城跡）等ではないでしょうか？

そこで、様々な遺跡を目にした方は、名称も歴史も城の形も本土の城とは違うので、ひょっとしたら、「沖縄の文化は日本とはかなり違うなあ」と思い、「やはり外国だったのだ」という印象を持たれるかもしれません。しかし、日本人が日本人であると最も定義づけるのは、一つには前述した言語であり、もうひとつは信仰だと思います。

前項では、沖縄の言語は紛れもない日本語であることを証明しました。では、沖縄の信仰はどうなのでしょうか？　日本とはかなり異なった独自の信仰形態なのでしょうか？　それとも中国由来の信仰なのでしょうか？　それとも日本の信仰と同じなのでしょうか？　本項では、その疑問を解くために沖縄の信仰の歴史について確認してみたいと思います。

日本独自の信仰が神道であることは間違いありません。神道とまで構えなかったとしても、日本各地には数多くの神社があり、多くの日本国民は元日や人生の節目には神社を参拝するように、神道は日本の文化として深く根付いています。よって、沖縄の神社の歴史を知ることは、沖縄が日本なのかどうなのかを確認する大きな手立てになります。

冒頭に結論を持ってくることになってしまいますが、現在沖縄にも本土よりは少ないものの、数多くの由緒ある神社が存在します。それらの神社は、明治の占領政策でもなく、薩摩の占領政策でもなく、それ以前から存在していました。それらの由緒や創建や再建の歴史を知ることは、沖縄のルーツを確認することでもあるのではないでしょうか。

沖縄を訪れた時に、是非、参拝していただきたい神社があります。それは、波上宮（なみのうえぐう）です。那覇空港を車で出ると、市街地に入るために約一キロメートルちょっとのトンネルを通ります。二〇一一（平成二十三）年八月に開通した「那覇うみそらトンネル」です。そのトンネルを出ると、西海岸に沿って海の上を走るバイパスに出ます。そのバイパスを一キロメートルほど走ると右側の海岸に大きな岩の上に波上宮の社殿が見えてきます。それが波上宮です。晴れた日には、エメラルドグリーンの海と青い空の間に深緑の茂みがあり、その茂みの中にある朱色の社殿が美しく映える絶景が見えます。

この波上宮の創建は不詳ですが、由来が残されています。以下、波上宮ウェブサイトから抜粋引用いたします。

遙か昔の人々は洋々たる海の彼方、海神の国（ニライカナイ）の神々に日々風雨順和にして豊漁と豊穣に恵まれた平穏な生活を祈った。

その霊応の地、祈りの聖地の一つがこの波の上の崖端であり、ここを聖地、拝所として日々の祈りを捧げたのに始まる。波上宮の御鎮座伝説に『往昔、南風原に崎山の里主なる者があって、毎日釣りをしていたが、ある日、彼は海浜で不思議な〝ものを言う石〟を得た。以後、彼はこの石に祈って豊漁を得ることができた。この石は、光を放つ霊石で彼は大層大切にしていた。

このことを知った諸神がこの霊石を奪わんとしたが里主は逃れて波上山《現在の波上宮

御鎮座地で花城とも呼んだ》に至った時に神託（神のお告げ）があった。即ち、「吾は熊野権現也この地に社を建てまつれ、然らば国家を鎮護すべし」と。そこで里主はこのことを王府に奏上し、王府は社殿を建てて篤く祀った』と云う。

以来、中国・南方・朝鮮・大和などとの交易（琉球王府直轄事業）基地であった那覇港の出船入船は、その都度、波上宮の鎮座する高い崖と神殿を望み、出船は神に航路の平安を祈り、入船は航海無事の感謝を捧げたという。また人々は常に豊漁、豊穣を祈り琉球王府の信仰も深く、王みづから毎年正月には列を整え参拝し、国家の平安と繁栄を祈るなど朝野をあげての崇敬をあつめ、琉球八社（官社）の制が設けられるや当宮をその第一に位せしめ、「当国第一の神社」と尊崇された。

波上宮の社殿の裏は断崖絶壁となっており、そこに石を積み上げられたところがあって、そこを拝所と称しています。海に向かって遥か彼方の豊穣をもたらすニライカナイの神に祈りを捧げる場所です。ニライカナイとは古代日本の常世国のようなもので、由来のとおり、波上宮は社殿が建つ前から祈りを捧げる聖地だったわけです。

波上宮の場合は崖が聖地ですが、沖縄にはそのように自然を御神体や聖域とする場所が多く残っています。有名なのは南城市にある琉球国最高の聖地といわれる「斎場御嶽」です。そこには、なんの社殿も存在せず神主もいませんが、祈りの聖域なのです。

これは、沖縄独自の信仰スタイルというわけではありません。日本の神社も古くは社殿が存在せず、岩や山そのものを御神体とする信仰形態が多くあり、現在でも社殿のない古い神社がたくさん残っています。

例えば、三重県熊野市の花窟（はなのいわや）神社の御神体は高さ七十メートルにも及ぶ巨大な岩であり、拝所（はいじょ）はありますが、社殿はありません。このような自然崇拝が日本の信仰の原型といえます。山岳地では山や岩が御神体になることが多いのですが、沖縄は石灰岩質の地層が多いため鍾乳洞が多く、洞窟が祀りの対象となっているところが多くあります。

■波上宮が祀る神様

では、波上宮はどのような神様を祀っているのでしょうか?

まず、火神（ヒヌカン）が祀られています。これは、台所を司るかまどの神様で、沖縄独自の信仰と思われがちですが、似たような信仰や神様は全国各地に残っています。岩手県南部から宮城県北部では「カマ神」といって、粘土または木で作った激怒の形相をしたお面をかまどの近くの柱に飾ります。また、神仏習合の信仰が興ってから祀られるようになった神様に仏法僧の三宝を守護する三宝荒神（さんぽうこうじん）があります。

波上宮

由緒

当宮の創始年は不詳であるが、遙か昔の人々は洋々たる海の彼方、海神の国（ニライカナイ）の神々に日々風雨順和にして豊漁と豊穣に恵まれた平穏な生活を祈った。

その霊応の地、祈りの聖地の一つがこの波の上の崖端であり、ここを聖地、拝所として日々の祈りを捧げたのに始まる。波上宮の御鎮座伝説に『往昔、南風原に崎山の里主なる者があって、毎日釣りをしていたが、ある日、彼は海浜で不思議な"ものを言う石"を得た。以後、彼はこの石に祈って豊漁を得ることが出来た。この石は、光を放つ霊石で彼は大層大切にしていた。

このことを知った諸神がこの霊石を奪わんとしたが里主は逃れて波上山《現在の波上宮御鎮座地で花城と(はなぐすく)も呼んだ》に至った時に神託(神のお告げ)があった。即ち、「吾は熊野(くまの)権現也(ごんげんなり)この地に社を建てまつれ、然(しか)らば国家を鎮護すべし」と。そこで里主はこのことを王府に奏上し、王府は社殿を建てて篤く祀った』と云う。

以来、中国・南方・朝鮮・大和などとの交易(琉球王府直轄事業)基地であった那覇港の出船入船は、その都度、波上宮の鎮座する高い崖と神殿を望み、出船は神に航路の平安を祈り、入船は航海無事の感謝を捧げたという。また人々は常に豊漁、豊穣を祈り琉球王府の信仰も深く、王みずから毎年正月には列を整え参拝し、国家の平安と繁栄を祈るなど朝野をあげての崇敬をあつめ、琉球八社(官社)の制が設けられるや当宮をその第一に位(くらい)せしめ、「当国第一の神社」と尊崇された。

明治の御代になるや、同二十三年官幣小社に列格し、沖縄総鎮守としてふさわしい社殿、神域の結構を見るに至ったが、先の大戦で被災した。

戦後は、昭和二十八年に御本殿と社務所が、同三十六年には拝殿が再建された。そして平成五年、平成の御造営により、御本殿以下諸社殿が竣工。翌年五月、諸境内整備が完工した。

（波上宮HPより）

御祭神

伊弉冉尊（いざなみのみこと）
速玉男尊（はやたまをのみこと）
事解男尊（ことさかをのみこと）
―熊野三神
別鎮斎
火神（ヒヌカン）
産土神（うぶすなのかみ）
少彦名神（すくなひこなのかみ）（薬祖神）

再興者　日秀上人

1503年、加賀国または上野国に生まれる。19歳の時、高野山で修行。紀伊国の那智から補陀落渡海を行うが、琉球王国金武の富花津（ふなや）に漂着し現地の住人に保護される。金武にある鍾乳洞を拠点に布教活動を行い、金武観音寺を創建したと伝えられる。その鍾乳洞は日秀洞（にっしゅうどう）・永酒堂（えいしゅどう）と呼ばれ、現在は泡盛の酒蔵として利用されている。（金武宮参照）。琉球において真言宗と熊野信仰を広め、波之上宮の再興や、弥陀・薬師・観音三像を作って護国寺に祀り、法力で妖怪を退治したという。現在の沖縄県浦添市の地名「経塚」もまた、日秀に由来すると伝わる。その他各地に日秀に関する伝承が残されている。その後薩摩国に渡り、坊津で一乗院、国分で正興寺、大隅国で三光院を開いた。（wikipediaより）

それを祀るお寺が兵庫県宝塚市にあります。真言三宝宗総本山の清荒神清澄寺(きよしこうじんせいちょうじ)です。神仏習合の形態が色濃く残り、境内内には三宝荒神神社もあります。近隣地域では、「荒神さん」と呼び慣わされ、かまど神の一種として、ここで受け取ったお札を台所の神棚に祀るなどの信仰が根付いています。

次に、波上宮に祀られているのが産土神(うぶすなのかみ)です。産土信仰は日本共通の神道の信仰であり、産土神はその者が生まれた土地の守護神で、死んだ後まで守護する最も縁の深い神様とされています。氏神が血縁をもとに成立するのに対し、産土神は地縁による信仰です。

ただし現在では、血縁のない人でも氏神を祀る神社の行事に氏子として参加するようになったので、氏神と産土神は区別されなくなっています。

次に祀っているのが、伊弉冉尊(いざなみのみこと)、速玉男尊(はやたまをのみこと)、事解男尊(ことさかをのみこと)の三神です。これは、前に紹介した波上宮の由緒にある「吾は熊野権現也この地に社を建てまつれ、然らば国家を鎮護すべし」という神託を受けて勧請した熊野権現です。熊野権現とは、紀伊半島にある熊野三山に祀られる神様です。

熊野権現から神託を受けたことまでは由緒で語られていますが、実際に勧請した人物も歴史に残っています。それは、一五二七年に紀伊国の那智から補陀落渡海を行って琉球国の金武に漂着した日秀上人です。波上宮の再建は、本土から流れ着いたお坊さんによってなされたのです。波上宮は熊野三神を祀ってから、琉球国が保護する琉球八社の第一の神社となったのです。

■熊野信仰とは

まず、現在生きている私達にとって意外なのは、沖縄の神社に伊弉冉尊等の日本の神様を勧請したのが神主ではなくお坊さんだということです。

現在では、理解しにくいのですが、当時は神仏習合という、神と仏は一体だとする信仰が広まっていました。その発祥の地の一つが紀伊半島の熊野地方だったのです。

熊野信仰では、熊野三山に祀られている熊野権現を信仰の対象とします。熊野本宮大社の主祭神には伊邪那岐大神＝速玉男尊を、熊野那智大社の主祭神には伊邪那美尊＝熊野牟須美大神を、熊野本宮大社の主祭神には素戔嗚尊＝家津美御子大神が祀られています。熊野三山にはそれ以外にも九柱の神様が祀られており、それを熊野十二所権現といいます。熊野信仰は、こ

熊野権現(くまのごんげん)とは

熊野権現

熊野権現（くまのごんげん、または熊野神〈くまののかみ〉、熊野大神〈くまののおおかみ〉とも）は、熊野三山に祀られる神であり、本地垂迹思想のもとで権現と呼ばれるようになった。熊野神は各地の神社に勧請されており、熊野神を祀る熊野神社・十二所神社は日本全国に約3千社ある。

熊野三山

「熊野三山（くまのさんざん）は、熊野本宮大社、熊野速玉大社、熊野那智大社の3つの神社の総称。熊野三山の名前からもわかる通り、仏教的要素が強い。日本全国に約3千社ある熊野神社の総本社である

権現

権現（ごんげん）は、日本の神の神号の一つ。日本の神々を仏教の仏や菩薩が仮の姿で現れたものとする本地垂迹思想による神号である。権という文字は「権大納言」などと同じく「臨時の」「仮の」という意味で、仏が「仮に」神の形を取って「現れた」ことを示す。

熊野信仰

日本人は「死に様」を重視する。それは「死に様」を現世の総決算、来世の始まりと捉えているからで、それを極端な形で示したのが武士道であろう。一般には武士道を儒教思想に由来するものと考えがちだが、武士道もまた「神と仏は一体の存在」という信仰がなければ成り立たない。つまり、長らく日本人の特質・美徳と考えられてきた多くのもの、それらは神仏習合信仰の上に成り立っていた。神仏習合発祥の地が熊野で、熊野には神道の原点である自然神信仰と祖先神信仰、修験道、仏教その中でも浄土信仰と観音信仰、現在の日本人の信仰の原点となる信仰が全て揃っていた。鬱蒼とした大自然の中に神と仏が共存する世界、それが熊野である。

本地垂迹

本地本地垂迹説とは、仏教の立場から神と仏の関係を説いた理論で、それは辺土説に基づいて成立した。辺土説とは「我が国を釈迦の生誕地インドから遠く離れた辺土と位置付け、末法の辺土では、仏がそのまま現れても衆生を救うことが出来ない。そこで仏は方便をこらし、神に姿を変えて我が国に垂迹した」とする説で、その語源は法華経如来寿量品の本門（釈迦如来の教え）・迹門（人間釈迦の教え）にある。如来寿量品には釈迦如来（本地）が人間釈迦（垂迹）に姿を変えてこの世に現れ、人々にその教えを説いたと記されており、この関係が神仏にも適用され、仏を本地、神をその垂迹と位置付けた。熊野の神々を総称して熊野大権現（仏が神の姿で現れる）と言うのは、この説に由来する。（新熊野神社HPより）

熊野大権現

熊野大権現とは熊野の山々に鎮まる神々の総称で、その中心が熊野牟須美大神(くまのむすびのおおかみ)、速玉之男大神(はやたまのをのおおかみ)、熊野家津御子大神(くまのけつみこのおおかみ)です。これらの神々と仏・菩薩の関係を下表に示すが、全て浄土と結び付いている。浄土は熊野灘の向こう、太平洋の彼方にあり、本宮・那智・速玉を巡ることで浄土を垣間見ることが出来るのではないか、そんな気持ちが人々を熊野に駆り立てたのであろう。

＜熊野山神＞

名称	本地仏	垂迹神	浄土
熊野本宮大社	阿弥陀如来	熊野家津御子大神（スサノヲ命）	極楽浄土
熊野那智大社	千手観音	熊野牟須美大神（イザナミ命）	補陀落浄土
熊野速玉大社	薬師如来	速玉之男大神（イザナギ命）	浄瑠璃浄土

琉球国時代に琉球王府から特別に保護を受けた「琉球八社」のうち、安里八幡宮を除く7社は上の熊野三神を御祭神として祀っている。

れらの神々を含めて、神道の八百万の神々は、仏や如来が日本に住む人々を救うために、仮の姿で現れているとする信仰形態です。

ですので、伊邪那岐大神は、薬師如来の化身であり、伊邪那美尊は千手観音の化身であり、素戔嗚尊は阿弥陀如来の化身なのです。そして、仏教で悟りを開いた仏の住む清浄なところを清浄国土といい、通常は省略して浄土といいます。この浄土は仏の数だけたくさんあり、最も有名なのが、阿弥陀如来の西方極楽浄土です。

よって、阿弥陀如来の権現である素戔嗚尊が祀られている熊野本宮大社は、西方極楽浄土につながる聖地ということになります。また、薬師如来の化身である伊邪那岐大神が祀られている熊野速玉大社は、東方浄瑠璃浄土につながる聖地であり、千手観音の化身である伊邪那美尊を祀っている熊野那智大社は、

南方補陀落浄土につながる聖地なのです。

このように熊野信仰は、神仏習合とともに浄土信仰も含まれていました。現世が修行も悟りもない末法の世なら、阿弥陀如来にすがって極楽往生をしようという信仰です。実は、波上宮もこの浄土信仰と深い結びつきがあります。その浄土とは千手観音の南方補陀落浄土です。

■補陀落渡海とは

浄土信仰には、補陀落浄土に渡るための捨て身の修行がありました。それは、補陀落渡海です。補陀落渡海とは、南海の彼方の補陀落浄土を目指して船出することです。

『熊野年代記』によると、八六八年から一七二二年の間に二十回実施されたとされ、最も有名なのが、熊野信仰の地である和歌山県の那智勝浦です。那智勝浦町には補陀洛山寺があり、現在、復元された補陀落渡海船が展示されています。和船の上に入母屋造りの箱が置かれ、その四方に四つの鳥居が建てられ、行者が中へ入ると入り口は板などで塞がれ、箱が壊れない限りそこから出られないようになっています。また、一般には艪、櫂なども含めて航行のための道具は備えておらず、人々は海流に流されて、南方補陀落浄土に向かって漂流していく渡海船を見送ったのです。

波上宮に祀られている熊野権現は、そのような修行をして沖縄に流れ着いた補陀落渡海僧によって勧請されたのです。その、高僧とは、日秀上人です。日秀上人は一五二七年、二十五歳にして那智勝浦から補陀落浄土へと旅立って行ったのです。何日間漂流したかはわかりませんが、その船は沖縄本島の北部の東海岸、金武間切（現在の金武町）の富花津に漂着したと記録が残っています。富花津という地名は現在残っていないので、正確な位置は不明です。

日秀上人の沖縄での布教については次のような伝承が残っています。

富花津に漂着した日秀上人の乗った船を現地の若者が発見し、近づいてみると、中からうめき声が聞こえ、日秀上人を助け出しました。意識を取り戻した瞬間、日秀上人は補陀落浄土にたどり着いたと思ったかもしれません。

若者の看病で日秀上人が健康を回復した頃、山の麓の洞窟に大蛇が住んでいて、川に遊びに来ている子どもたちの生き肝を食っているという噂が耳に入りました。恩返しをしたいと思っていた日秀上人は、ある日、大蛇の住む洞窟に行き、そこで、お経を唱え法力により大蛇を退治し、村人は大喜びしました。それ以降、日秀上人は村人の尊敬を集め、洞窟の近くに真言宗のお寺を建立しました。それが、今も残っている金武観音寺です。そのすぐ近くには日秀洞もあります。

日秀上人は村人に以前学んだ農業技術を教え、金武間切はますます豊かになっていきました。ある日、その噂を聞きつけた、首里の役人が日秀上人を訪ねてやってきました。尚真王が日秀

<table>
<tr><td colspan="2">補陀落渡海（ふだらくとかい）とは</td></tr>
<tr><td>補陀落洛</td><td>補陀落山寺</td></tr>
<tr><td>「補陀落」とはサンスクリット語の「ポタラカ」の音訳で、南方の彼方にある観音菩薩の住まう浄土のことをいいます。『華厳経』にはインドの南端にあると説かれているそうですが、観音信仰の流布とともに、チベットや中国にも補陀落は想定されました。チベットではラサ北西に建つ、観音の化身ダライラマの宮殿をポタラ（補陀落）宮と呼び、中国では舟山諸島の２つの島を補陀落としました。</td><td>仁徳天皇の治世にインドから熊野の海岸に漂着した裸形上人によって開山されたと伝える古刹で、平安時代から江戸時代にかけて人々が観音浄土である補陀洛山へと小船で那智の浜から旅立った宗教儀礼「補陀落渡海(補陀落渡海とも)」で知られる寺である。</td></tr>
<tr><td>補陀落渡海</td><td>補陀落渡海僧</td></tr>
<tr><td>「補陀落渡海」とは、補陀落を目指して船出すること。日本においては南の海の果てに補陀落浄土はあるとされ、その南海の彼方の補陀落を目指して船出することを「補陀落渡海」といいました。</td><td>那智の浜からは25人の観音の信者が補陀落を目指して船出したと伝えられています。補陀洛山寺境内にある石碑に、それらの人々の名が刻まれています。</td></tr>
<tr><td colspan="2">補陀落渡海船</td></tr>
<tr><td>渡海僧が乗りこんだ船を復元したものがお寺の境内にある建物のな（補陀洛山寺）かに展示されています。奇妙な形をした小さな船です。船の上には屋形が作られています。それからその屋形の前後左右を４つの鳥居が囲んでいます。この渡海船の上に立つ４つの鳥居は「発心門」「修行門」「菩提門」「涅槃門」の四門を表わしているのでしょう。修験道の葬送作法によると、死者はこの４つの門をくぐって浄土往生すると考えられています。渡海船に立てられた４つの鳥居は、渡海船がそのまま葬送の場であることを表わしているのでしょう。展示されている船には帆は掛けられてはいませんが、船出の折には白帆があげられました。
渡海僧は、30日分の食料と灯火のための油を載せて、小さな屋形船に乗りこみます。渡海僧が船の屋形のなかに入りこむと、出て来られないように扉には外から釘が打ちつけられたそうです。
渡海船は、白綱で繋がれた伴船とともに沖の綱切島あたりまで行くと、綱を切られ、あとは波間を漂い、風に流され、いずれ沈んでいったものと思われます。
船のしつらえや渡海の方法などは時代により異なるのでしょうが、補陀落渡海とは、いわば生きながらの水葬であり、自らの心身を南海にて観音に捧げる捨身行だったのでした。</td><td>
（撮影：仲村覚）</td></tr>
</table>

上人に会いたいとのことです。訪問日を決めて首里城を訪ねると、歌と踊り、そしてたくさんの料理で大歓迎を受けました。尚真王は、最近、海の向こうから生き仏がやってきて、その方が琉球に平和をもたらすという夢を見たというのです。日秀上人の噂を聞きつけ、その方ではないかと思って招いたわけです。その後、日秀上人は首里城で暮らすことになり、尚真王に密教や曼荼羅のことなど仏教の詳しい教えを説き始めたのです。

　ある日、二人で波上宮にある護国寺を再興する計画を立てました。その時、日秀上人は隣に社殿を建てることを提案しました。その時にできたのが、現在の波上宮です。日秀上人は、波上宮を建てた後、当時すでに存在していた六つのお宮（普天満宮、天久宮、金武宮、沖宮、識名宮、末吉宮）に熊野三所権現を勧請し再建したのです。それに安里宮を加えて、八つの神社が琉球王府から保護を受ける琉球八社と称されるようになり、波上宮がその首座を占めました。このような経緯で、安里宮だけが八幡神を祀り、それ以外は熊野権現が祀られているのです。

では、同時期の仏教と琉球王府の関係はどうだったのでしょうか?

当時の琉球では、臨済宗と真言宗が伝えられていました。臨済宗は、琉球王の家系である第二尚氏の菩提寺である円覚寺を建立するなど優遇されていました。また真言宗は、琉球八公寺と称され、琉球王府から寺禄を給されていました。

実は、その琉球八公寺に併設された神社が琉球八社なのです。当時は日本の神様と仏教信仰が融合した神仏習合の信仰形態が広がっており、神社よりも仏教が力を持っていたため護国寺の境内に波上宮の社殿が建立されたことになります。

しかし、明治時代に神仏分離令が出され、神社と寺は切り離され、波上宮は明治二十三年に官幣小社に列格され、護国寺は波上宮の神宮寺（神社に付属する寺）とされ、神社と寺の力関係が逆転したのです

一五四五年、日秀上人は薩摩国に渡り、島津藩主の帰依を受けて、坊津で一乗院、国分で正護寺、大隅国で三光院を開き、一五七七年入定、一五七九年入寂しました。日秀上人は戦国時代の島津家を精神面で支えたのではないかと思います。

沖縄の神社一覧①

神社名	波上宮	普天満宮	沖宮	天久宮	末吉宮	識名宮
住所	沖縄県那覇市若狭1-25-11	沖縄県宜野湾市普天間1-27-10	沖縄県那覇市奥武山町44番地	沖縄県那覇市泊3-19-3	沖縄県那覇市首里末吉町	沖縄県那覇市繁多川
神紋						
創建時期	不詳	昔、普天満の洞窟に[illegible]を祀ったことに始まる。	不詳	不詳	(1450年-1457年) 尚泰久王の時代	不詳
再興	1522年尚真王により再興	[illegible]（1450-1460）の間に、熊野権現を合祀したと伝えられています。				
御祭神	伊弉冉尊（いざなみのみこと） 速玉男尊（はやたまをのみこと） 事解男尊（ことさかをのみこと） （以下熊野三神と総称） [illegible]	熊野三神 天照大御神 家津御子神 （素盞嗚尊） [illegible] 普天満女神 天神、地神、海神	熊野三神 [illegible]	護国の英霊 (台湾、朝鮮の地域から沖縄戦で没した、県内民間人、及び県内外軍人、軍属18万余柱)	熊野三神 [illegible]	熊野三神 [illegible]
縁起（由緒）	[illegible]……『琉球神道記』他	[illegible]	[illegible]……『琉球国由来記』	[illegible]	[illegible]	[illegible]
備考	琉球八社	琉球八社	琉球八社	琉球八社	琉球八社	琉球八社

沖縄の神社一覧②

神社名	安里八幡宮	金武宮	宮古神社	浮島神社	世持神社	沖縄県護国神社	沖縄神社
住所	[illegible]	沖縄県国頭郡金武町金武222	[illegible]	沖縄県那覇市若狭1-25-11	[illegible]（社殿） 沖縄県那覇市若狭1-25-11（仮宮）	沖縄県那覇市 [illegible]	沖縄県那覇市 [illegible]
神紋							
創建時期	[illegible]	(1527年～1542年)	1590年(天正十八年)	1461年	昭和12年(1937年)	昭和11年(1936年)	大正15年 (1925年) 1月
再興							
御祭神	神功皇后 応神天皇 玉依姫	熊野三神	熊野三神 [illegible]	天照大御神 [illegible]	[illegible]	護国の英霊 [illegible] 軍属18万余柱）	[illegible]
縁起（由緒）	[illegible]	[illegible]	[illegible]	[illegible]	[illegible]	[illegible]	[illegible]
備考	琉球八社	琉球八社		波上宮内仮宮に遷座			[illegible]

■沖縄の仏教史

これまで、沖縄の神社の歴史を見てきましたが、今度は緊密につながっている仏教史の概要をたどってみたいと思います。

沖縄の歴史で最も古い仏教の記録は、西暦七五三年の鑑真和尚です。遣唐使によって戒を授ける戒師として招請され、六回目の出港で来日を果たしましたが、その途中、遣唐使（藤原清河や阿倍仲麻呂らの船は帰国に失敗、吉備真備は成功）とともに沖縄に到着し、二週間滞在しました。

次は、十三世紀の中頃、英祖王（一二六〇年即位）の時代に禅鑑（補陀落渡海僧）と称する僧が、那覇に漂着し浦添城の西に極楽寺を建立しました（『琉球国由来記巻十』の「琉球国諸寺旧記序」）。その後荒廃しましたが、浦添の地に移転して寺名を龍福寺と改め、芥隠承琥（？～一四九五）を開山として復興しました。明治時代に廃寺となり、現在は浦添市立浦添中学校のグラウンドとなり、あとかたも残っていません。

次に、真言宗の頼重上人（らいじゅうしょうにん）が察度王の時代（一三四九年～一三九四年）に薩摩国坊津の龍源寺（京都仁和寺の末寺）一乗院から琉球に渡ったと伝えられています。察度王の帰依を受け、王の祈願寺として護国寺を開創したといわれています。護国寺は、現在残っている沖縄の寺社で最も古い寺で、波上宮と隣接しています。頼重上人は、沖縄真言宗の開祖ということになります。

一四五〇年、京都の臨済宗南禅寺で修行していた芥隠禅師が琉球に渡ってきました。尚泰久、尚徳、尚円、尚真の各王につかえ、帰依と保護をうけて禅宗の布教に努め、円覚寺などを創建しました。それは、鎌倉の円覚寺を模倣したものでした。芥隠禅師は、尚泰久王と二人で数年の間に多くの寺院を建立し、琉球に仏教を広めました。芥隠禅師が沖縄を京都に紹介したため、高僧が来島して往来が盛んになり、仏教とともに京都の文化も伝わりました。

一六〇三年、陸奥国磐城郡の浄土宗の僧侶、袋中上人という高僧が五十一歳のとき、日本にはまだ伝わっていない新たな経文を求めて、明国に渡ることを決意しました。しかし、秀吉の朝鮮出兵の後だったので日本と明国の関係が悪く、直接渡ることができないので、琉球に渡りそこで、船を求めることにしました。琉球に滞在しながらも船に乗る機会を探し続け、三年間滞在していましたが、結局、日本人だということで乗船を許されることがありませんでした。

袋中上人は、その三年間の滞在期間、琉球での浄土宗布教に努めました。時の琉球国尚寧王は袋中上人に深く帰依し、桂林寺（現那覇市松下町）を建立しました。袋中上人は、これまでの難解な仏教に比べ、易行易修（ただ念ずることによって救われるという教え）を説いたことで、身近で親しみやすく、国王から一般民衆にいたるまで、身分を越え多くの琉球の人々に影響を与えました。

袋中上人の沖縄での布教により伝わった念仏踊りは、エイサーとして現在も引き継がれ、現在では全国各地にエイサーチームが発足するほど広がっています。以後、民衆の教化、児童の教育、産業の振興へも力を尽くしました。

更に、琉球の役人から沖縄の正史の編纂の依頼を受け、琉球開闢以来の歴史をまとめたのが『琉球神道記』五巻です。おそらく、地方に足を運んで沖縄に伝わる様々な伝承の聞き取り調査をしてまとめたのではないかと思います。そこには、源為朝が琉球へ逃れ、大里按司の娘と子をなし、その子が初代琉球王舜天になったとする為朝伝説も書かれており、この伝説が後に琉球王府が編纂した初めての正史である中山世鑑にも記されるなど大きな影響を与えました。また、執筆されたのが、琉球国が薩摩の支配下に置かれる前なので、当時の琉球の風俗研究にとって最も貴重な資料とされています。

一六〇九年の薩摩の琉球入りでは、今帰仁への薩摩勢の到着の報を受けた王府より、講和の使者となったのが、臨済宗の僧侶、菊隠宗意です。菊隠は琉球出身で首里円覚寺にて得度し、後に本土に渡って京都五山で笑嶺宗訢に教えを受け、前堂首座になりました。その後、古渓宗陳（蒲庵古渓）に師事して修行を重ねました。菊隠の号は古渓より授かったものです。

十数年後には琉球に戻り、僧侶でありながらも琉球と島津氏との外交に携わり、島津義久、義弘、家久らと親交がありました。一五九三年には紋船（外交使節船）で天王寺住持として薩摩を訪問したことがあります。その後、老境に至って辞し、千手院を建て隠居していたところに、薩摩が琉球入りし、講話の使者を懇願されたのです。弟子の養成に専念したいため、一度は老いの身を理由に断りましたが、王命とあればとやむをえなく引き受けました。結局降伏した尚寧王は、薩摩の島津家久、駿府の徳川家康、江戸の徳川秀忠との謁見の旅に出るのですが、その旅に菊隠も付き従いました。

帰国後、島津公はこれまでの菊隠宗意の功績を認め、摂政にするように琉球側に依頼しました。これは、菊隠が最も本土のことをよく知っていることが大きな理由でした。菊隠は、王子位に進められ、更に僧侶最高の法衣として五色浮織掛絡を賜り、球陽国師号も授けられました。菊隠は琉球出身の僧侶の中で最も出世した人物ですが、それは菊隠が望んでいたものではありませんでした。菊隠は政界進出を望まず、国情がやむえないため国事に老後の人生を捧げたのです。

その後の僧侶たちは、その本当の心を理解することなく、表面的に菊隠をお手本として、出世を求めて政界と関係を持つようになっていったのです。出世するために出家するという、仏教が俗にまみれる時代になっていったのです。

江戸時代の沖縄の仏教は、また別の意味でも冬の時代となりました。それは、沖縄独自の問題ではなく、江戸幕府の宗教政策が沖縄にも及んできたからです。通常、江戸時代の宗教政策というと禁教令ぐらいしか思い浮かびませんが、幕府の宗教政策は、極めて特異な方法がとられていました。

キリスト教を禁制とした当初は、キリシタンの捜査や摘発、強制改宗政策をとっていましたが、やがてキリシタンではないことの証明を仏教寺院に請け負わせる寺請制度を創設したのです。後の檀家制度です。最初は棄教した者を対象としていましたが、次第にキリスト教徒ではないという証として、広く民衆に寺請が行われるようになったのです。武士・町民・農民といった身分を問わず、全員がいずれかの寺院を菩提寺と定め、その檀家となる事を義務付けられました。寺院の住職は彼らが自らの檀家であるという証明として寺請証文を発行しました。

寺請制度の確立によって、寺院では現在の戸籍に当たる宗門人別帳が作成され、旅行や住居の移動の際にはその証文（寺請証文）が必要とされました。これは、幕府が国民の宗派管理と戸籍管理を仏教勢力に委託するとともに、事実上国民全員が仏教徒となることを義務付けるものであり、仏教を国教化するのに等しい政策でした。

檀家制度とは永久契約ですので、お寺の布教活動は不要で経営的には安定していましたが、幕府の統制組織と化したため、鎌倉仏教のようなダイナミックな布教のエネルギーは消滅してしまっていたのです。

それと反比例して、江戸時代に台頭してきたのが国学と儒学です。前述したように、日本は仏教伝来以来、仏教と神道が融合し一体と化していましたが、そこには儒教も内包され、調和されていました。それを揺さぶったのがキリスト教です。

宣教師は「仏教も儒教も外国の宗教だから、キリスト教も日本に布教する権利がある」と主張してきたのです。それに対して「日本は古来神国であって、その誇りのもとに国体を明らかにし、王政復古し天皇に帰一するべきだ」とする国学が興ってきたのです。

国学は国家に対しては「忠」、親に対しては「孝」の精神を重要視するため、仁義忠孝礼智信を中心思想とする儒学が時代潮流に適合して、林羅山などの儒学者が台頭してきたのです。特に五代将軍・徳川綱吉は儒教の普及に努めました。

当時のこの風潮は、薩摩を経由して琉球でも広がり、琉球においても仏教よりも儒教のほうが重要視されるようになってきました。中国に留学した僧侶らも、仏教ではなく儒教を学んで帰ってくる始末でした。

儒学者で有名な人物に名護親方（程順則（ていじゅんそく））がいます。四度目に中国に渡った際、『六諭衍義（りくゆえんぎ）』を学び琉球に持ち帰りました。それが江戸時代、薩摩の島津氏を通じて江戸の徳川吉宗将軍に献上され、和訳された後、寺子屋の教科書として使われ始め、明治時代中期まで修身の教科書としてその教えが広まりました。

ここで気がつく意外なことは、江戸時代の寺は仏教を学ぶ場所ではなく、儒学を学ぶ場所になっていたということです。この思想の潮流で、幕末には水戸学を学んだ吉田松陰が尊王と王政復古の大警鐘を打ち鳴らし、仏教批判を始めます。武士階級と知識階級はそれに共鳴し、仏教を排斥するようになったのです。

■沖縄における神仏分離令と檀家制度

王政復古を果たした明治時代には、神仏分離令が出され、神社と寺は切り離されます。廃仏毀釈運動は、明治政府の政策ではなく大衆運動なのですが、江戸時代中期からの国学の思想の流れがその根底にあったものと思われます。

もう一つは、仏教が幕府という権力の側に長い間いたため、堕落したことが原因だと考えられます。修行も布教も行わず、葬式などの行事しかやらないので、西洋列強に負けない力強い日本建国に向けて国民を指導する力はなく、もはや無用だと思われたのでしょう。

その一つの証と思われるのが、最も廃仏毀釈運動が激しかったのが薩摩藩だったということです。一八六九（明治二）年三月には、一般人の行う盂蘭盆まで禁止し、全ての行事は神式で行うように公布しました。同年十一月には、薩摩内の千六百十六全寺院に廃止の命令が下り、全ての僧侶が還俗したのです。還俗者の三分の一は、軍隊に入隊しました。このように、一時期は薩摩には一つの寺もなくなったのですが、一八七六（明治九）年九月に信仰の自由が許され、少しずつ再建され始めたのです。

一方、江戸時代の琉球国は、薩摩の支配下で、新たな寺の建立も布教も許されておらず、檀家制度もありませんでした。よく、沖縄には檀家制度がないことを、日本から独立していたからだとする説を耳にしますが、真実は逆のところにありました。それは、江戸時代の薩摩も檀家制度を設けていなかったからだったのです。

キリシタンの取り締まりは薩摩独自の制度で、厳しい取り締まりをしていました。そのため、江戸時代の沖縄では、檀家制度が設けられることはなかったのです。江戸時代には、琉球に潜入した宣教師やキリシタンが逮捕されて、長崎に護送され処刑されるなどの事件も度々ありましたので、檀家制度とは異なる何らかの方法で、監視、摘発していたのでしょう。

以上、沖縄の宗教史の概略をたどってみました。沖縄を観光すると沖縄と本土との違いばかり目が行きがちですが、このように信仰の源流を探ると、日本人として最も大切なものを常に共有していたことが見えてきたのではないかと思います。

琉球国は誰がつくったのか

■言語、信仰、文化、遺伝子が一致しても納得できない「琉球独立論者」

本項では、琉球国は誰がつくったのかという変わったテーマで、沖縄の歴史を確認してみたいと思います。

前項では、沖縄の言語も宗教も日本と同じであることを歴史的事実を確認しながら解説いたしました。また、二〇一四（平成二十六）年には、琉球大学大学院医学研究科の佐藤丈寛博士研究員、木村亮介准教授、北里大学、統計数理研究所の共同研究チームが、現在の琉球列島に住む人々の核ゲノムＤＮＡを解析した結果、遺伝的に琉球列島の人々は台湾や大陸の人々とつながりがなく、日本本土により近いという研究成果を発表しています。これによって、それまでにあった沖縄の人々のルーツは南方系であるという説も否定されたのです。

このように、言語、信仰、文化、遺伝子の全てが一致するという条件が揃えば、沖縄の人たちが日本人であることは明らかであり、既に決着はついたといいたくなります。しかし、残念ながら、これだけでは琉球独立論者を説得できないのです。彼らは次のように考えています。

「そもそも琉球国は日本とは別の国であり、大和朝廷を中心とした大和民族とは別の民族である。民族とは、歴史を共有する共同体であり、たとえＤＮＡが共通していたとしても、琉球王国が歩んできた歴史は、日本とは異なるため、明らかに日本とは別の民族である」

結局、琉球国の成り立ちについてについて、それが日本であることを証明して初めて、琉球独立論者にも、沖縄が日本であることをご理解いただけるのです。

■日本に浸透している琉球国華夷秩序史観

では、最初に現在、社会一般で認識されている、沖縄の歴史イメージを確認したいと思います。沖縄県が発行する広報誌『美ら島沖縄』に、「シーサー先生が教える世界とつながる講座」というイラスト付きで子供でも読みやすいQ＆Aの連載がありますが、その二〇一八年九月号の特集テーマが「国際交流のはじまり『琉球大交易時代』」というタイトルでした。その横には、「約四百五十年続いた琉球王国。外交という視点からその歴史を振り返ってみましょう」とあります。

沖縄県広報誌『美ら島沖縄』の実際の誌面

その中で、「琉球王朝時代は外国との交流があったの？」という質問に対して、「中国や東アジア諸国との貿易によって琉球王国は繁栄したよ」とシーサー先生が答え、続いて、次のような解説が書かれています。

10～14世紀、（中略）明（中国）は自国を中心とした国際秩序の構築を目指し、朝貢して忠誠を誓う国に対してのみ交易を許しました。これを「冊封体制」といいます。そして1372年、明から皇帝の使者を乗せた大きな船が三山時代の琉球にやって来ました。中国側の公式記録『明実録』によれば、洪武帝が遣わした使節団が中山王の察度に会い、入貢するように求めました。察度は、この申し入れを直ちに受け入れ、彼の弟である泰期を団長とする使者を派遣。泰期らは、明使節団の船に便乗し、公務を担う者として初めて東シナ海を越えました。こうして、冊封体制へと加わった琉球は、優れた中国商品を大量に輸入してそれらを近隣諸国へ輸出とすると同時に、中国へ持ち込むための商品を日本や東南アジアから調達するなど、東アジアの中継貿易国として重要な役割を果たしました。記録によれば、明代270年間にアジア各国から行われた進貢は、日本19回、朝鮮30回、シャム（タイ）73回、安南（ベトナム）89回などを抑え、琉球は171回とダントツの一位。明にとって、特別な貿易国だったことが分かります。

『美ら島沖縄』二〇一八年九月号（沖縄県広報課）

更に、琉球を中心に、右上に日本、左上に朝鮮、左下に中国、右下に東南アジアの円を書き、それぞれに、どのような品目を取引していたのかが、図解されています。この図を見ると、当時の琉球は東アジアの中心で、誰がどうみても日本と異なる独立国だったと思ってしまいます。

■消されつつある日琉同祖論

続いて、交易年表が掲載されています。そこには、「一三五〇年察度即位と伝わる」から始まり、次に一三七二年に中山王察度が明に朝貢し、一三八〇年に南山王承察度、一三八三年に北山王怕尼芝が明に進貢、一四二九年、尚巴志、南山を滅ぼして三山を統一、その後、統一された琉球は更にジャワやマラッカと通好を始め、東アジアに飛躍していきます。一四五八年には、万国津梁の鐘が首里城正殿に掲げられます。この鐘は現在、沖縄県立博物館・美術館に展示されています。別枠で次のように解説されています。

一四五八年、第一尚氏六代・尚泰久王の時代に鋳造され首里城正殿にかけられた。琉球王国がアジアを結ぶ架け橋として躍動した時代の気概が現れた銘文が刻まれている。

年表は、その後、

一六〇九年に島津の琉球進攻で尚寧王降伏。以後、島津の支配下におかれる。一八一六年からは、イギリスやフランスの軍艦が来琉し、一八五三年にペリーが来航し、首里城訪問。一八七二年に琉球藩設置、一八七九年に日本政府「廃琉置県」を強行。沖縄県を設置以上の表記で終わっています。

このように沖縄の歴史についての説明を受けると、その歴史は全く日本と異なる歴史であり、沖縄はやはり日本ではないという思いが強くなります。冒頭では、沖縄の言語も信仰もＤＮＡ等の遺伝子も全て同一だと述べましたが、それにもかかわらず、なぜ全く別の歴史を歩んでいるように見えるのでしょうか？　そこには、いくつかトリックがあります。

まず、一つ目のトリックは沖縄の歴史をいきなり、察度が明国に朝貢した一三七二年から始め、それ以前の歴史はなかったように思わせる印象操作です。そのためまるで、沖縄の歴史は明国へ朝貢した時から始まったかのようです。

実は、これは『人民網』日本語版に掲載されている沖縄の歴史観とほぼ同じなのです。そこでは、明に朝貢した一三七二年以降を「明朝藩属国時代」、清国から冊封を受けた一六五四年からは「清朝藩属国時代」、そして廃藩置県により沖縄県が設置されてから、現在に至るまでを「後琉球王国時代」と称しています。つまり、明国や清国から冊封を受け、藩属国となっている時代が沖縄の原点であり、あるべき姿で、日本に属している現在が仮の姿という見方です。これは、琉球は本来明や清を中心とする華夷秩序のもとにあるという、琉球国華夷秩序史観といってよいでしょう。

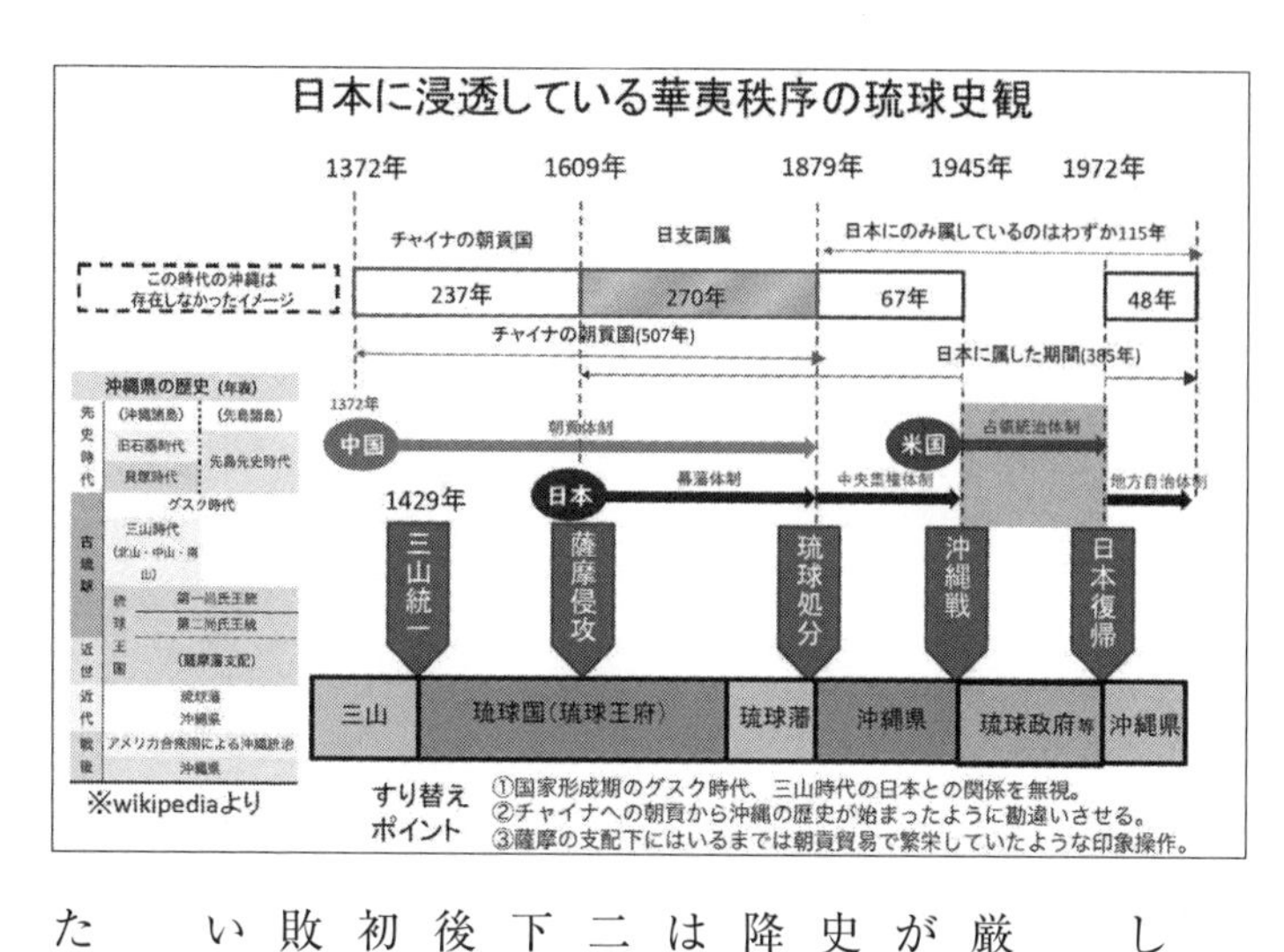

では、本当の沖縄の歴史はどのようなものなのでしょうか？

察度が明国に朝貢する前から、沖縄の歴史も社会も厳然として存在していました。一六五〇年に琉球王府が編纂した正史には、それまでの琉球歴代の王統の歴史がまとめられています。最初は古事記のように天孫降臨、天地開闢の神話から始まります。神話の時代には天孫氏が琉球を治め、その期間は一万七八〇二年、二十五代とされています。最後の二十五代の王は、臣下の利勇に殺害され王位を奪われます。その利勇は、後の舜天王となる尊敦に討たれます。この舜天王が、初代琉球国王と位置づけられる人物で、保元の乱で敗れて伊豆大島に流刑になった源為朝の子とされています。いわゆる為朝伝説です。

この伝説は、江戸時代には、『中山世鑑』を編纂した摂政の羽地朝秀に、更に明治から昭和にかけては、沖縄学の父、伊波普猷等により「日琉同祖論」の根拠として重要視されてきました。結果としては為朝が本当に沖縄に来たという証明はできないものの、前述したDNA解析などにより、沖縄のルーツは日本であることが明らかになり、日琉同祖論が正しかったことが証明されたのです。

しかし、現在では、『中山世鑑』が編纂されたのが薩摩支配下の琉球のため、薩摩支配の正当性を持たせるために作り上げられた伝説とする傾向が強くなっています。しかし、これは誤りです。

沖縄の為朝伝説は、琉球が薩摩に支配される前に琉球を訪れた袋中上人の記した『琉球神道記』に、またそれより百年前の京都五山の臨済宗僧侶・月舟寿桂（一四七〇年～一五三三年）が記した『鶴翁字銘井序』に既に紹介されています。月舟は信憑性は分からないがと断りながら、「日本には、源為朝が琉球へ渡って支配者(創業主)となったという伝説がある。そうであるなら、その子孫は源氏であるから、琉球は日本の附庸国である」と記しています。

十六世紀には、既に京都五山の僧侶の間では、琉球の為朝伝説がある程度普及していたことが確認できます。

前項で述べたように、京都臨済宗の芥隠禅師が一四五〇年に琉球に渡って、京都に沖縄を紹介してから、往来が盛んになりましたので、おそらくその時期に沖縄から京都に広がったのではないでしょうか。そうすると、薩摩への忖度と全く関係なく、既に一四〇〇年代半ばには、為朝伝説は沖縄で広まっていたということになります。

その後、江戸にも広まり、江戸時代には曲亭馬琴と葛飾北斎の手により、一八〇七年から一八一一年にかけて、弓の強い武将・鎮西八郎為朝と琉球開闢の秘史を描く壮大な小説『椿説弓張月』として全五編二十九冊が刊行されベストセラーとなりました。

戦後では、沖縄の祖国復帰が決まった昭和四十四年、小説家三島由紀夫が台本を手掛けた歌舞伎『椿説弓張月』全三幕八場が公演されました。これは、三島由紀夫の最後の舞台作品となりましたが、脚本の他に演技、美術、音楽などの演出も自ら手がけ、思い入れが強かったようです。

■沖縄を日本から切り離す「琉球大交易時代」というトリック

沖縄県広報誌『美ら島沖縄』の特集記事において、沖縄が日本から独立しているように見える二つ目のトリックが、琉球大交易時代の説明です。

明と朝貢貿易を始めてから日本、中国、朝鮮、東南アジアの架け橋となって、中継貿易をして繁栄をしたという説明ですが、時期については言及がなく、サブタイトルに約四百五十年続いた琉球王国とあり、この中継貿易が四百五十年続いたような勘違いをさせる説明になっています。四百五十年というのは、三山統一した一四二九年から沖縄県が設置された一八七九年までとなりますが、そもそも琉球王国が四百五十年間独立していたというのは、誰にもわかる真っ赤な嘘です。

一六〇九年には薩摩の支配下に入りましたので、実際に独立していたのは、一四二九年から一六〇九年までのわずか百八十年です。それから一八七九年の沖縄県設置までの二百七十年間の琉球は、薩摩を介して日本と明や清との中継貿易で生業を立てたのです。そして、琉球文化の代表である、組踊や紅型などは、薩摩支配下の琉球で生まれたものです。

更に、薩摩の支配下に入る前の国際情勢も激変しており、その百八十年間は大交易時代を謳歌し続けられるような生易しいものではありませんでした。

琉球の中継貿易は、明の海禁政策が大前提となっており、いわゆる管制貿易です。そこに、西洋の大航海時代が始まり、南蛮船が進出してきました。最も早いのが一五一〇年のポルトガルによるマラッカ征服です。この時点で琉球の船はマラッカに行くことが不可能になります。一五二一年にはスペインがフィリピンに進出、そして一五四九年にはザビエルがマラッカから鹿児島に渡り上陸し、布教活動を開始しました。

更に日本でも一五五七年から南蛮貿易が始まり、琉球の存在価値が薄くなってきました。南蛮貿易は自由貿易ですから、管制貿易の琉球には勝ち目はなくなります。

そのようにして、琉球の大交易時代は一五七〇年、薩摩の支配下に入る前には終焉してしまったのです。それは、三山統一からわずか百四十一年、中山王の察度が明に朝貢してから百九十八年後のことです。つまり、わずか百四十一年の琉球大交易時代を四百五十年に拡大し、沖縄県設置により終焉したようなイメージ操作が行われているのです。

■すり替えられた万国津梁の鐘の銘文の主旨

三番目のトリックが万国津梁の鐘の説明です。琉球王国がアジアを結ぶ架け橋として躍動した時代の気概が現れた銘文が刻まれているという説明です。今では、万国津梁の精神と称して、沖縄経済振興の先人の模範のような使い方までされています。

ここで、意図的かどうかは不明ですが、見逃されていることがあります。それは、尚泰久王はどのような目的でこの鐘を鋳造したのかということです。

万国津梁の鐘は、正式には旧首里城正殿鐘といい、一四五八年に尚泰久王(しょうたいきゅう)の命で鋳造され、首里城正殿にかけられたと伝えられています。文の作成者は相国寺の渓隠和尚(けいいん)。鐘を製造したのはヤマトの鋳物職人(いもの)、藤原国善です。尚泰久王は京都から来琉した臨済宗の禅僧、芥隠承琥(かいいんしょうこ)を国司として優遇し、開祖として那覇に天龍寺、普門寺、光源寺を、首里に天界寺、相谷寺、万寿寺、安国寺を建立しました。更に梵鐘も次々と鋳造し、その数は知られているだけで二十三口。仏教への非常に篤い帰依と仏教の普及への情熱が感じられます。

その時に鋳造した梵鐘の一つが万国津梁の鐘です。その銘文の日付は、「戊寅六月十九日辛亥」と書かれています。それは、一四八五年であり、その年は、尚泰久の時代に起きた大きな内乱、護佐丸・阿麻和利の乱の年です。前述した万国津梁の鐘の銘文の紹介では、当時の琉球国は統治が完成され平和で繁栄しているように感じられますが、その実態は全く逆で内乱続きだったのです。

尚泰王が即位する十五年前の一四三九年、三山を統一した尚巴志が亡くなりました。それからというもの尚忠王が四年、尚思達王も四年、尚金福王が三年と即位した王が次々と亡くなり王府の権威が揺らいでいました。それに追い打ちをかけるように金福王がなくなると、その息子の志魯（しろ）と弟の布里（ふり）が王位を巡って争い、首里城が焼失するという事件が起こりました。その事件の結果、布里の弟で越来王子だった尚泰久王が群臣に推されて即位したのです。首里城も焼けてゼロからの出発です。その再建の矢先の二年後に起きたのが、護佐丸・阿麻和利の乱です。

中城城を拠点とする護佐丸、勝連城を拠点とする阿麻和利、二人の有力按司（あじ）が讒言などにより謀反の疑いをかけられ、首里王府が続けて二人を討ち取るという琉球最大で謎の多い内乱が起きたのです。万国津梁の鐘は、その乱の前にかけられたのか、あとにかけられたのかは不明です。しかし、尚泰王が願い求めたのは、国内で再び争いごとを起こさせないために、仏教の力を借りて国を鎮めるという鎮護国家の決意だったことは間違いありません。

しかし、現在普及している万国津梁の鐘の説明文では、銘文の前置きの部分の四分の一だけを「琉球王国がアジアを結ぶ架け橋として躍動した時代の気概」として説明し、残りの四分の三の仏教の興隆を願う部分については無視しているのです。

万国津梁の鐘についてもう一つ重要なことは、この時期が琉球国と京都との往来が最も盛んで、日本との結びつきが深かった時代であったということです。つまり、尚泰久王の仏教による鎮護国家のモデルは日本であり、万国津梁の鐘は、決して、日本から独立して世界に飛躍した琉球の気概を示すモニュメントではなく、日本と琉球の深い精神的絆が刻み込まれている重要なモニュメントなのです。

■明国の琉球三山への異常な待遇策の謎

次に、沖縄の歴史最大の特徴である明国への朝貢について考察してみたいと思います。

当時の新興国である明国は強大な国で、琉球はその衛星国であるかのように朝貢したというイメージ、更に、その琉球国は日本とは無関係に国家形成されてきたというイメージ、これが無批判に受け入れられているのですが、真実を探ってみたいと思います。

一三七二年から琉球では、中山、南山、北山と三人の按司が次々と明国への朝貢を開始しましたが、当時の室町幕府も無関係ではなく、足利義満も一四〇一年に、明の建文帝から日本国王に封じられています。つまり、冊封を受けたのです。日本史ではこの二つの出来事を並べてみることはなく、切り離されてしまっていますが、実際は、ほぼ同時に起きた出来事ですので、時系列に追って確認してみたいと思います。

一三三三年、後醍醐天皇が鎌倉幕府を倒し、二年前の自身の退位と光厳天皇の即位を否定するとともに正慶の元号を廃止し、天皇が自ら政治を行う建武の新政が始まりました。これに対し、一三三六年に足利尊氏が光明天皇を擁立し、南北朝時代が始まります。その南北朝時代の沖縄では、一三五〇年、英祖王統の西威が崩御、察度がその信望の厚さから推され、中山王に即位します。翌年、一三五一年、大陸では紅巾の乱が勃発、一三六八年に朱元璋が皇帝に即位、洪武帝と名乗り明朝が建国されます。

倭寇の襲撃に悩まされていた洪武帝は、日本に倭寇討伐を要請する使者を派遣しました。派遣された使者は楊載(ようさい)等七人。楊載等が訪問したのは、足利義満ではなく南朝の後醍醐天皇の皇子・懐良(かねよし)親王でした。倭寇の根拠地である九州沿岸部への影響力を持っていたのは、懐良親王の方だったからです。

しかし、国書が無礼だということで、五人が処刑され、楊載と呉文華の二人は三ヶ月の抑留の末帰国しました。無礼だというのは、洪武帝に朝貢を促す文書だったからです。洪武帝は激怒しましたが、前王朝の元が日本に敗北していたこともあり、報復は行われませんでした。明国にとって日本は強くて怖い国だったのです。

洪武帝は、翌一三六九年に再び楊載を派遣し、懐良親王は求めに屈して入貢することを約束します。洪武帝は、一三七二年五月に答使として仲猷祖闡（ちゅうゆうそせん）、無逸克勤（むいつこくごん）ら八人に「日本国王懐良」に賜う「大統暦及文綺紗羅」を託して日本に派遣。しかし、北朝の今川了俊に捉えられ、二年後に帰国。日本に倭寇の取り締まりをさせることに再び失敗したのです。

洪武帝は同じ年の一三七二年、琉球に楊載を派遣、察度に朝貢を促しました。中山王・察度は、弟の泰期を使者として十二月に進貢したのです。琉球は、その後、南山が一三八〇年、北山が一三八三年に続いて明朝に進貢します。小さな沖縄本島で冊封を受ける主体が三人もいることも驚きですが、琉球の三カ国は更に五つの優遇政策を受けていました。

まず、通常、入貢は三年に一度とされていましたが、琉球は「朝貢不時」とされ、朝貢回数の制限がありませんでした。

二つ目は、明から海船が下賜されたことです。これにより、朝貢使節の派遣、東南アジアへの交易活動が可能となりました。光武・永楽年間だけで下賜された海船は三十隻に及んでいます。

三つ目の優遇策が、「貢道の自由」です。通常朝貢使節が入貢する時には、経路が定められていました。しかし、明代初期の琉球の朝貢船は、泉州だけでなく、福州、福建、寧波も窓口としており、かなり自由でした。

四つ目の優遇策が、「勘合符の免除」です。足利幕府の日明貿易は勘合貿易とも称されるように明国が発行した勘合符が必要でした。しかし、琉球に対しては勘合符が免除されていたのです。

五つ目が「朝貢業務の専門家の下賜」です。琉球が朝貢や冊封使の受け入れを行うためには、そのしきたりに則った様々な業務を行える専門家が必要でした。そのような人材が当時の琉球にはいないので、洪武帝の命により多くの学者や航海士などの職能集団が閩（びん）（現在の福建省）から来琉したと言われています。その集団は那覇の久米村（現在の那覇市久米）に定住していたため、久米三十六姓（閩人三十六姓）と呼ばれました。ただし、明朝からの下賜ではなく、自然発生的に形成されていった華僑社会のひとつの形態という説もあります。

一方、一三九二年、明徳の和約で南北朝時代が終わると、三代将軍・足利義満は、明との貿易を求めて倭寇の鎮圧を始めます。一四〇一年には明に国書を送り、倭寇の禁圧を約束して、通商を求め、建文帝から「日本国王」に封ぜられます。

そして、第一回遣明船を派遣しました。一四〇四年からは勘合符の所持が必須になったので、勘合貿易とも呼ばれています。一四一一年、四代将軍・足利義持により、明との貿易を琉球に肩代わりさせ、評判の悪い冊封体制を断ち切るために日明貿易を停止し、再び倭寇が活性化します。しかし、一四三二年、六代将軍・足利義教により日明貿易は再開され、その結果断続的に一四〇一年から一五四九年の間に十九回の交易が行われました。

以上、南北朝時代からの室町幕府と琉球の明との朝貢貿易の流れを確認してみました。ここで、二つの大きな疑問が出てきます。

一つは、なぜ明国は小さな島国である琉球の朝貢に対して、ここまで優遇したのかということ。もう一つは、なぜ当時、おそらく数万人の人口しかいないような琉球のような小さな島で、三人もの按司に対して冊封したのかということです。

明国が琉球を優遇した理由には、これまでの通説があります。それは、明国が馬と硫黄を調達するためというものです。明国建国直後は、モンゴルの抵抗勢力は残っており、絶えず攻撃しながら国の国家基盤を強化しなければならなかったわけです。しかし、馬の産地はモンゴル人に握られており、馬は手に入りませんでした。

敵陣を攻撃する有効な武器として大砲、石火矢がありましたが、火薬の重要な原料である硫黄も手に入りません。そこで、目をつけたのが琉球です。

今ではイメージしにくいのですが、当時の琉球には大量の馬が飼育されていました。更に、沖縄県の最北端は硫黄鳥島という島ですが、そこでは大量の硫黄が採取されていました。その二つの品を、中国に提供したというのです。これらの記録は、明実録に記録されています。三山時代には一度に百十頭送られたこともあり、一三八三年には一度に九八三頭もの馬を買い付けて明国に持ち帰っていました。

沖縄は戦前まで馬社会で、琉球王府直轄の馬場が二箇所、それ以外にも村営の馬場、集落が営む馬場があり、合計百九十八箇所の馬場跡が確認されているようです。また、伝統的な娯楽、琉球競馬も盛んでした。お祭りになると沖縄各地の予選を勝ち抜いた馬と騎手が王府直轄の馬場に集結し、島じゅうの人があつまり、国王も見物し、士族も庶民もいっしょになって応援を楽しんだようです。琉球競馬は速さを競うのではなく、二頭ずつ直線コースを走り、その美しさを審判が判断して勝敗を決めるというものでした。スケートで例えれば、スピードスケートではなく、フィギュアスケートの勝ち抜き戦のようなものです。王府の狙いは士族・庶民が共に祭りを楽しみ、馬の生産に励み、優秀な馬を選抜・育成することでした。

当時の琉球が馬を多く生産し、輸出をしていたのは事実ですが、その輸出が安定的に続いていたわけではないので、これが決定的な優遇策の理由ではないという主張もあります。

ここで、現在では全く異なる有力な説が台頭し始めています。それは、明国が琉球を武力を使わずに手なずける、つまり、解禁政策の倭寇の受け皿とするためだというものです。倭寇の受け皿とは、「倭寇を朝貢体制の中に取り込んで、朝貢貿易のみを行う存在に転化させる」と

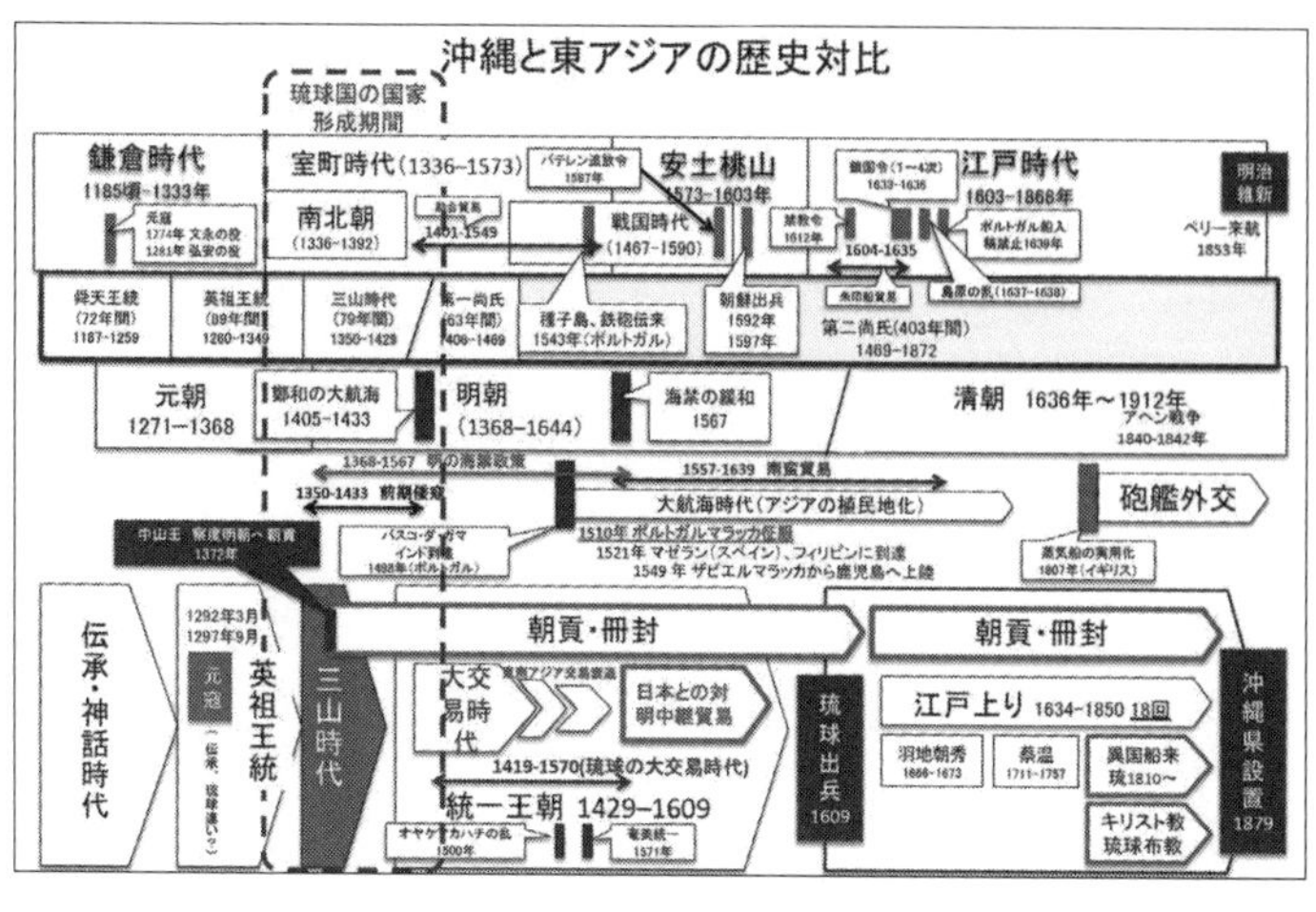

いう意味です。ここで言う倭寇とは、琉球の中山、南山、北山のことです。

当時は、アジア諸国のみならず、西洋諸国までも競って明国と朝貢貿易をしました。それは、明国の臣下になったふりをして貢物を献上すれば、その数倍から数十倍の宝物が下賜されたため、利益率が高かったからです。それは明国にとって、経済的に大きな負担となる貿易形態でしたので、明国の琉球に対する優遇政策の目的は馬や硫黄等の調達が主な目的だった可能性は極めて低いのではないかと思います。

よって、明国が周辺諸国と朝貢関係を結んだのは、倭寇対策こそが主目的であり、琉球だけで三カ国も朝貢関係を結んだのは、九州などから南島に進出し琉球を拠点としていた倭寇を朝貢体制の交易主体に転換させ、海賊行為を働かなくても営んでいけるように優遇策を提供し、交易主体に転換させて育て上げるためだったのではないかというものです。

もし、そうなら、これまで三山時代の琉球社会の発展は、島内部の農耕社会の発達により日本本土とは別の発展プロセスにより形成されてきたという認識は覆され、日本の倭寇や交易勢力の活動が活発化し、その一部が南に進出し、沖縄を拠点とすることにより、沖縄の社会の発達を促されてきたということになります。

■牧港で得た鉄で民心を得て中山王となった察度

では、明国に初めて朝貢し、琉球国中山王に封じられた察度は、どのような人物だったのでしょうか?

その手がかりは、琉球国の正史である『中山世鑑』に記録されている察度の出自にあります。その『中山世鑑』による察度の出自、そして明国に朝貢するまでの記述を紹介いたします。

察度は、浦添間切謝名村(現在の宜野湾市大謝名)の奥間大親(おくまうふや)と仙女の息子とされています。

ある日、奥間大親が、畑仕事の帰りに手足を洗おうと森の川にいくと、十六歳ぐらいの紅顔美麗の女性が沐浴していました。奥間大親は、側に置いていた女性の衣装を見て、天女だと気がつき、それをひとまず草むらに隠して、何も知らないふりをして、女性に近づきました。女性は驚いた様子で、立ち上がり、衣装がなくなっているので泣いていました。奥間大親は、「どちらからおいでの女性でしょうか？　もしかしてご一緒の方がいてはぐれてしまったのですか？」と声をかけました。女性は「私は天上に住むもので、沐浴に来たのですが、飛衣を盗まれたため帰ることができません」と答えました。奥間大親は「それは困りましたね。ひとまず、私の草屋へいらっしゃい。飛衣を探して差し上げます」と、女性を自宅にいれると、飛衣を探すふりをして、櫃にいれて高蔵の上に隠しておきました。天女は天に帰ることができず、奥間の妻となり、女一人、男一人の子供が生まれました。

それから、十数年経ったある日、女の子が弟を連れて遊んでいる時に、「母親の飛衣は高く蔵の上」と歌っていました。天女は夫が不在の時に、蔵に上がって探しだしたところ案の定、飛衣が隠されており、それを着て、天に舞い上がっていきました。幼い姉弟は声を惜しまず泣き叫び、天女も名残惜しく屋根まで三度舞い降りてきましたが、遂に天に帰っていきました。

奥間大親も大変悲しみましたが、どうにもならず二人の子供を一人で養い育てました。下の男の子は成長しましたが、畑仕事もせず遊び歩いてばかりの親不孝者でした。

その頃、勝連按司に美しい娘がおり、有力者たちが結婚を申し込んできましたが、両親は賛成しても娘が反対ばかりしていました。そこへ、奥間大親の息子が突然やってきて、「勝連按司に会いたい」と言い出しました。そのみすぼらしい格好を見た家来たちからは嘲笑されましたが、執拗に「会いたい」と言うので按司に知らせたところ、「呼び入れよ」ということで招き入れました。男は「私は不肖の者ですが、娘の婿になるためにはるばるやってきました」と言い出すと、按司をはじめ全員が「無礼な。追い出せ！」と怒りだしました。しかし、窓の外から男を見ていた娘が「この男こそ私が探していた方です。早くこの方を婿にしてください」と言い出しました。両親は、「乞食同然の者の嫁になることがあるか」と大いに怒りましたが、娘が食い下がるので易で占ってみたところ、「めでたい」という結果が出ました。男は後日、娘を迎えにいき、みすぼらしい草屋につれて帰りました。

それから数日後、妻が火を灯す石を見ると、灰にまみれ松の油がたれかかっていましたが、よく見ると、ただの石ではなく黄金でした。妻は男に「これは金ですよ。なぜこれを灯を置く台に使っているのですか？」と聞くと、男は「その金というのは何の役に立つのだ」と聞き返しました。女性は「この金こそ、この世で一番の宝です。あなたは知らなかったのですか？」とただし、男は「その金とかいう物は、うちの田畑のあたりに山ほどある。行って見せてあげよう」と妻を連れて行ってみると、畑の周りにある石のようなものは全て金や銀だったのです。

妻は喜び、父の勝連按司にお願いして大勢の人夫を雇い、この地を聖なる地として楼閣を築き、金銀を取り収めました。人々は金宮（こがねみや）と名付けました。現在（『中山世鑑』が編纂された頃）、大謝名にある黄金宮と尊敬されている社がこれです。

当時、牧那渡（現在の牧港）には日本の商船が数多くやってきていましたが、そのほとんどがみな鉄を積んでいました。そこで、この男は黄金や銀で鉄を全て買い取りました。その頃、牧那渡には橋がなかったので、南北を往来する人は金宮の麓を通っていました。この夫婦は、この道を通る老若男女を問わず、飢えている物には酒食を与え、寒そうにしている者には綿の服を着せ、農耕を営む者には鉄を与えて農具を作らせました。国人は、夫婦を父母のように慕って、浦添按司と仰ぐようになりました。

その後、中山王・西威が亡くなったので、五歳の世子を即位する予定でしたが、それを廃して、国人は、皆から慕われている浦添按司を推し、即位することになったのです。

これが察度です。その後、明国の使いがやってきて、朝貢することになります。

このように、察度の伝承は、日本及び世界各地にある羽衣伝説、更にかぐや姫のような絶世の美女のお姫様に対する求婚のエピソード等で構成されていますが、歴史を探求する上において、注目する点が二つあります。

まず、察度が成長した時に、畑仕事せずに遊んでいたということです。これは、沖縄が農耕の発展により社会が形成されてきたのでしたら、いくら伝承といえども勤勉に働いてきたと言い伝えられるのではないかと思うのです。

ここで、最も重要なのが鉄の貿易です。沖縄では鉄は採れません。その鉄を持ってきたのは日本の商船で、察度は、その鉄を加工して農具を普及させることにより民心を集め、浦添按司となり、更に中山王に即位したのです。

つまり、浦添按司とは沖縄本島の牧港を拠点にして、東シナ海を活動範囲として、日本と中国を中心に交易活動をしていた、日本から渡ってきた倭寇的勢力・交易者だったのではないかと考えられるわけです。琉球国の三山は、このような倭寇的勢力が沖縄に新たな技術をもたらすことによって、生産性を高め、富を増やし社会が形成され、更に明国と朝貢貿易をすることによって、形式上国家としての体裁を整えてきたものだと考えられるわけです。

■与那原で得た鉄を元に台頭した尚巴志

では、もうひとりの琉球の最も重要な人物の伝承を確認してみましょう。三山を統一した沖縄史上最大の英雄、尚巴志(しょうはし)です。琉球王府のもう一つの正史『中山世譜』の記述を参考に概要を紹介いたします。

尚巴志は、ちょうど察度が朝貢を始めた一三七二年に、沖縄本島南部の東海岸の佐敷（現在の南城市佐敷）で生まれました。佐敷按司の息子だったので、佐敷小按司と呼ばれていました。察度の約一世代後に生まれた人物ということになります。

小按司は、幼い頃、鍛冶に打たせて鍛錬すること三年の剣を持って、与那原（現在の与那原町）の海で船に乗って遊んでいる時、海中の大魚が小按司を呑み込もうとしましたが、この剣を恐れて襲うことがありませんでした。

この時、外国人が四十五隻の船にのって、鉄塊を積み込み与那原で商売していました。鉄商人はその剣を珍しがって鉄塊と交換したがりましたが、小按司が承知しないため、最後には数隻に積んでいた鉄と交換して帰っていきました。小按司は、この鉄を手に入れて、百姓たちに広く与えて農具を作らせました。百姓たちは感服して小按司は大いに民心を掴んだのです。

その後、破竹の勢いで三山を統一するのです。

三山統一というと、中山が南山、北山を滅ぼして統一したイメージがありますが、そうではなく、佐敷小按司だった尚巴志が三山を次々と討ち取って統一したのです。

尚巴志は、まず一四〇二年に島添大里按司を滅ぼし、南山の半分を支配下にいれます。次に、一四〇五年、中山王の武寧を討ち取り、父親で佐敷按司の思紹を中山王に即位させます。いわゆる中山王の位を簒奪したわけです。これが、第一尚氏初代の王・尚思紹王です。尚巴志は後に二代目の王になります。翌一四〇六年、中山の城を浦添から首里に移しました。一四一五年に、尚思紹王は、室町幕府に使者を派遣しました。六代将軍・足利義教から、進物に対する返礼書簡をもらっています。この時期は、足利幕府が日明貿易を停止し、貿易を琉球に肩代わりをさせていた頃です。そして一四一六年、尚巴志はついに北山王の攀安知（「はんあち」または「はねじ」。現在の地名「羽地」の当て字だと思われる）を滅ぼします。

この時の戦いの様子は、『中山世鑑』に詳しく書かれています。難攻不落の今帰仁城を攻めるために、城の中に内通者を作って倒したのですが、最後に攀安知は、自害しました。この時の刀が国宝として那覇市歴史博物館に保存されています。千代金丸という刀です。

「千代金丸宝刀ノ由来」によれば、尚巴志により攻め滅ぼされた北山王・攀安知の所持した宝刀で、「城を守りきれなかったことに怒って、守護の霊石を切りつけ、更にこの刀で自害しようとしたが、主の命を守る霊力が込められた刀であり、死にきれず、重間（志慶間）川に投げ捨ててから命を絶った。これを伊平屋の住人が拾い上げて中山王に献上した」と伝えられています。

一四二二年、尚巴志が王に即位、そして、一四二九年に南山王・他魯毎を滅ぼし、三山を統一しました。

さて、このように、沖縄の三山統一とは、小さな佐敷の小按司が、与那原で外国からやってきた船から鉄を入手して、民心を得て一四〇二年に島添大里を討ち取ってからわずか二十七年で、沖縄本島全土を支配下にいれるという破竹の勢いの成功のストーリーなのです。

離島の沖縄では交易こそが富と力の源であり、明国は海禁政策をとっているため、当時のアジアでは、朝貢貿易以外は全て密貿易であり、それを営むものは倭寇とされていました。そのため、明国と朝貢関係を持つことが繁栄の条件だったのです。

つまり、三山統一とは、既に朝貢の主体に転じ明国と交易特権を得ていた三つの元倭寇勢力を、新たに台頭してきた倭寇的勢力である佐敷の按司が電撃のごとく討ち取り、父・思紹を中山王に即位させ、尚家を名乗り、第一尚氏王統を打ち立て、明国との交易特権を全て手中に収めた歴史だということになります。

■琉球国形成を促した倭寇の取り締まり

さて、『中山世鑑』に記録されている中山王・察度と尚巴志の出自を確認してみました。共通しているのは、その力の背後には貿易で手に入れた鉄があるということです。沖縄では鉄は採れないため、貿易こそが当時の沖縄における力の源泉だということになります。

しかし、ここで注意が必要なのは、当時の交易者は現在の貿易業者とは大きく異なり、交易者に対して国家の保護が全くないということです。一度海に出たら自分の身は自分で守らなければならないため、いつでも戦えるように武力を備えていました。また、単独では危険なため、チームで行動し、戦法なども研究訓練する勢力も存在しました。つまり、取引がうまくいく時は貿易業者であり、それがうまく行かない時は、海賊、すなわち倭寇となり、大規模な戦いの時には軍隊、つまり水軍にもなり得たということです。

ところが、明が海禁政策をとった瞬間に、これらの組織は平素から違法勢力となり、突如として「倭寇」と称される勢力になったのです。当時の琉球は農耕が普及していたものの、三山としての社会形成は、農耕によって確立されてきたわけではなく、十四世紀半ば以降、にわかに旺盛な活動を行うようになった交易者たちの拠点として確立されてきたものと考えられます。

それが、明の海禁政策により、沖縄を拠点とする交易者が一気に倭寇に転じ、取り締まるべき対象となったのでした。明は、南朝の懐良親王に取り締まりを要求したのですが、前述のように拒否されたため、倭寇対策の方針を変更し、最初に沖縄を拠点とする倭寇を朝貢体制に組み込むことによって合法な貿易を継続できるようにしたのです。

国家としては未成熟であったろう三山をすべて朝貢の対象として認めたのは、おそらく、一つでも見逃すと倭寇的な活動を行うか、もしくは他の倭寇勢力と結びつくことを恐れたからではないかと考えられます。

三山が倭寇勢力そのものだったという可能性を示唆する事実がもう一つあります。もし、明に朝貢する前の三山が倭寇勢力ではなく、島の中で農耕を中心に発展していた小国だったとしましょう。その時代は、倭寇が活発に東シナ海を動き回っていた時代です。古くから遣唐使の通り道でもあった沖縄を倭寇が見逃すはずはありません。三山と倭寇の間で何らかの争いが起きるはずですが、そのような記録は皆無です。三山時代の沖縄の社会形成は、海の戦いにも優れていた倭寇勢力によって築き上げられたから、倭寇勢力との争いはなかったといえます。

さて、足利幕府が倭寇の取り締まりを開始したのは、一三九二年です。明国との貿易を開始するためです。南朝側には倭寇的存在にもなりうる水軍がありましたが、それらの水軍は取り締まりの対象となってしまいましたので、取り締まりの及ばないところに拠点を移さざるを得ません。足利幕府も明国の取り締まりも及ばないベストな拠点は、現在の南西諸島、沖縄ということになります。つまり、新たな倭寇的勢力が沖縄に拠点を移し始めたということになります。

前述した尚巴志は、三山の支配の及んでいない、沖縄県の南部の東海岸に目をつけ、与那原港の近くを拠点にした按司となり、貿易によって入手した鉄を農具に加工して生産性をあげ、また武器にして電撃のごとく中山王の位を簒奪し、三山を討ち取り統一させたのだといえます。

当時の沖縄の富は島の中にあるのではなく、周りの海にあるのでもなく、海の向こうの勢力と貿易をすることによってしか得ることができない時代だったのでしょう。当時のアジア最大国・明国が、海禁政策を取った時代は、朝貢の主体となることが繁栄の絶対条件であったため、沖縄の歴史は朝貢の主体、つまり朝貢権争奪の歴史だったとも言えます。

尚巴志の第一尚氏の時代は、沖縄本島を完全に支配できていない不安定な時代で、護佐丸や阿麻和利など有力な按司が存在していましたが、金丸のクーデターにより成立した第二尚氏の時代で安定的に沖縄本島が統一されたといえます。

■日宋貿易と琉球交易の隆盛

以上、元寇の後に活発化した倭寇と、明国の海禁政策と琉球三山の明国への朝貢、そして三山統一の関係を見てきました。当時、沖縄の朝貢主体は沖縄を拠点にした倭寇ということを説明いたしました。倭寇というと若干ネガティブなイメージがあるので、水軍、または海の武士団といってもよいかもしれません。とにかく日本から渡ってきた、武力で自らを守る交易勢力が明国への朝貢主体となることにより、歴史に突如として琉球国が出現することになったのです。

それ以前の歴史はグスク時代といわれています。今帰仁城址や勝連城址等の城塞的なグスクが建築された時代のことです。現在も巨大な城壁が存在しており、壮大な遺構を残しています。

その多くは建設された年は不明ですが、日本の平安時代頃に作られたものです。その時代は、沖縄はまだ琉球と称されず、現在の奄美・沖縄等の南西諸島をひとくくりで、「南島」と称していました。日宋貿易が盛んに行われていた時期ですが、これまでの歴史認識では日宋貿易のルートには沖縄は全く関係ないとされていたのです。

つまり、長い間、琉球の国家形成は、日本本土とは切り離された形で沖縄本島内部の発展によりなされ、政治経済・文化も沖縄本島から周辺の島々に流れていったとみなされてきました。いわゆる沖縄本島中心の歴史観だったのです。

ところが、その既成概念が一九九八（平成十）年から二〇〇二（平成十四）年の間の発掘調査で覆されはじめました。

その一つは、奄美大島のヤコウガイ大量出土遺跡の発見です。発掘調査の結果、大型で無傷な貝殻が、螺鈿細工の材料として、一定の計画性を持って島外に搬出されたことがわかったのです。

日本における螺鈿消費のピークは、十二世紀です。その代表的なものが一一二六年、奥州藤原氏により落成された奥州・平泉の中尊寺金色堂です。様々な宝物に螺鈿細工が施されており、完成のために約四万個のヤコウガイが使用されたと推定されています。文献史には全く名前の出てこない沖縄ですが、平安時代の東北の寺の造営にあたって、その荘厳さを示すために、奄美以南のヤコウガイが大量に消費されたのです。では、それはどのようにして調達されたのでしょうか？

それを示すのが、一九八三年に発掘された徳之島カムイ焼き陶器窯跡です。カムイ焼きとは籾や種などの保存用に使われる大きな壺です。この壺を生産する工業団地のような遺跡が徳之島で見つかったのです。これは、沖縄本島各地で出土しており、十一世紀から十二世紀前半に沖縄本島のみならず、宮古島、石垣島、さらに最西端は与那国島、最南端は波照間島にまで流通していたのです。つまり、当時のニーズを満たすため良質かつ大量のヤコウガイを求めて、大和商人は南の海に出ていったのです。

当時の沖縄は貨幣が流通していませんので、銅銭などで買い求めるわけにはいきません。そこで、現地でニーズのある最適な交換物が食物を保存できるカムイ焼きだったということになります。奄美・沖縄諸島の現地では、食料保存用のカムイ焼きを求めて、平素からヤコウガイの貝殻を集積していたのでしょう。

４本の巻柱や須弥壇（仏壇）、長押にいたるまで、白く光る夜光貝の螺鈿細工がふんだんに使われた中尊寺金色堂内陣中央壇。
（写真提供：中尊寺）

さて、ヤコウガイを求める商人はなぜ、カムイ焼きの生産現場として徳之島を選んだのでしょうか？　カムイ焼きは大型の焼き物のため、九州で生産して大量のカムイ焼きを満載して、難所である吐噶喇海峡を渡るのは船が遭難した時の損失があまりにも大きく危険です。その危険を回避するため、水、土、燃料が揃っている徳之島に生産拠点を移したのではないでしょうか。奄美大島でも同じ環境はそろっていますが、当時は奄美大島の勢力とは政治的に対立関係があったようです。

更に続けて、鹿児島県の喜界島で、沖縄の歴史観を覆す発掘がありました。考古学会では「喜界島ショック」とまで言われている大発見です。

喜界島は、鹿児島県本土から南へ約三百八十キロ、奄美大島の東約二十五キロの周囲五十キロに満たない小さな島です。その島の城久遺跡群から、驚嘆するほかない遺物と遺構が次々と出土したのです。

その出土品とは、白磁やガラス玉、徳之島で焼かれていたカムイ焼きが四千点以上、当時の国の役所に相当する施設周辺でしか出土しない中国産の越州窯系青磁が百七十九点、更に長崎県の西彼杵半島で十一世紀後半から生産されたことで知られる滑石製石鍋が約三千六百点、計八十三キロ。掘立柱建物が四百八十四棟。さらに、南西諸島では初めての砂鉄から鉄を作る製鉄炉跡も多数見つかりました。鍛冶炉と炭焼き窯も含めると八十四もの炉跡が十世紀から十二

城久遺跡群出土白磁

カムィヤキ

(写真提供:喜界町教育委員会)

世紀前半頃にかけて作られていたのです。

この発掘により、当時の日本の最先端の工業団地が喜界島に存在し、そこは博多商人もしくは宋の商人による南島交易の生産・貿易拠点の役割を担っていたということが明らかになったのです。

これらの発見により、琉球列島の十二世紀は、大和の商人が、カムイ焼き、滑石製石鍋、中国製陶磁器と鉄製品を携えて、積極的に進出し、貝交易を展開した時代であることがわかってきました。南島（奄美・沖縄諸島）の食生活は、カムイ焼きを貯蔵容器、石鍋を調理器具、中国産磁器が食器として使うようになり、大きく様変わりました。

一方、貝交易で大和に持ち帰えられたヤコウガイは、高度な螺鈿細工として使われ、華麗な金色堂を奥州に誕生させました。

貝交易で商人が持ち帰ったものに、もうひとつ法

滑石製石鍋

滑石製石鍋(かっせきせいいしなべ)は、長崎県を中心に、平安時代から室町時代にかけて生産されていた滑石製の煮炊き用鍋。滑石製石鍋の生産は10世紀に始まり、鎌倉時代末期の14世紀前半に最盛期をむかえた後、16世紀初めまでに消滅した。同じ用途では、土鍋のみならず鉄鍋も存在していたが、この時代に石鍋が広く流通した理由は判明していない。
佐世保市相浦の門前遺跡・竹辺遺跡群から大量の石鍋が出土しており、平安・鎌倉時代は相神浦氏が、室町時代には宗家松浦氏が生産・流通を独占していたと思われる。(Wikipedeaより)

(西海市大瀬戸歴史民俗資料館所蔵:ホゲット石鍋製作所遺跡出土)

螺貝がありました。仏教などの宗教儀式で多用するので、その需要も大きなものがありました。

この時代は、文献史には残っていないものの考古学的には往来が盛んな時代であり、大和の食文化や農業技術が伝えられ、琉球列島の文化、農業生産力を向上させたのではないかと考えられます。更に、喜界島は人口増により過密となったため、南方の琉球列島の島々へ最先端の文化を持って移住し、現地住民と混血し、融合していったのではないかと推測できます。これにより、南西諸島最大の島・沖縄本島を中心に新たな文化社会が興隆していき、現在「グスク時代」と称される時代が始まったのではないでしょうか。

その結果、沖縄社会は急激に発展していったのですが、按司となって歴史に名を残すようなリーダーは、本土から島伝いに渡来し、商業貿易の才覚があり、地方の発展に貢献した者だったのではないでしょうか。

(写真提供:西海市教育委員会)

十三世紀になると、螺鈿細工の材料がヤコウガイからアワビに変化し、需要が急減しました。一方、法螺貝のニーズは継続していました。そのため、カムイ焼きや石鍋を積載した大和商人の姿は消え、法螺貝を求める船だけが往来していたものと推測されています。

ただし、この時代は既に、石積みのグスクの建築が始まっており、文献史でも英祖王などの名前が出始め、社会はかなり階層化・高度化していたものと思われます。その後、英祖王統五代目の西威が亡くなった時に、民から信望の厚かった浦添按司が推されて王の位に就き中山王となると、一三七二年に直接明国と朝貢貿易を開始します。これにより、琉球独自の経済発展が可能な時代に突入したのです。

ここからの沖縄の歴史は『明実録』などの中国文献に多く残されているので、沖縄の歴史は日本とは関係なく、中国との朝貢貿易により独自に形成されてきたと誤解されてしまっているのです。しかし、最新考古学が明らかにしたところによれば、沖縄の国家形成期となった「グスク時代」は、日宋貿易の支流としての喜界島を中継拠点とする日琉交易の中で、貝を求める大和商人による人と文化・技術の南漸という北からの衝撃により起こされたのです。

■「陸の歴史」だけでなく「海の歴史」も学ぶべし

多くの日本国民にとって沖縄が日本であり沖縄の人々が日本人であることは自明の理です。

しかし、国連からは日本政府に「沖縄の人々を先住民族と公式に認めて保護すべき」との勧告が五回も出され、沖縄のごく一部の人々により琉球民族独立総合研究学会なる組織が結成され、様々な国際発信がなされている今、筆者はいつ、この常識が覆されるかわからないという危機感を持っています。言語、文化、信仰、DNA等は既に沖縄の人々が日本本土とルーツを同じくすることを雄弁に物語っていますが、琉球国は明国への朝貢により発展してきたというイメージにより、琉球独立論者は、「歩んできた歴史が異なるから別民族だ！」と主張されます。

そのような誤解を解くために、現在、最新の考古学の成果の力を借りて、琉球国の国家形成は、日本本土の水軍や海賊、海の交易者たちの南下により、何段階ものプロセスを経て、文化が南漸してきたことによりなされてきたことを説明してみました。そこで見えてきたのは、これまで学校で習ってきた日本の歴史は全体の半分だということです。つまり、文献に残る陸の歴史のみを学んで、文献に残らない海の歴史は学んでこなかったということです。

沖縄の歴史がこれまで謎に包まれ、外国のように誤解されてきたのは、沖縄の国家形成が文書を残さない海の勢力によってなされてきたからだと言えます。平安時代の海の勢力はあるときは水軍として戦い、あるときはヤコウガイを求めて南の海に渡り、南北朝時代の海の勢力は、あるときは南朝の配下で大陸と貿易をし、足利幕府の取り締まりが厳しくなるとそれから逃れるように南の島々に拠点を移して、交易活動を展開していったのだと思います。

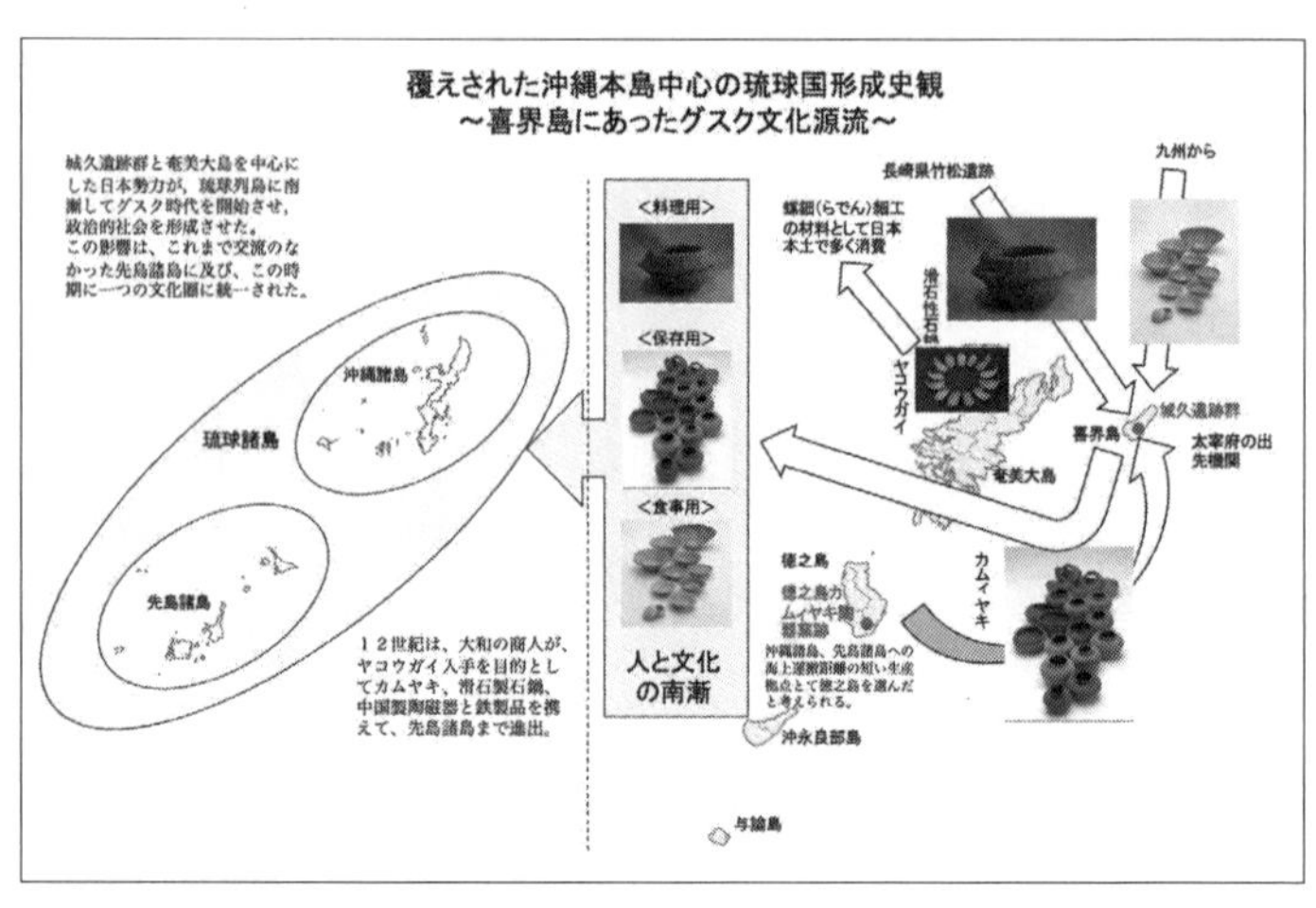

考古学の発展により見えてきたこのような歴史観は、画期的な成果であるにもかかわらず、既存の琉球王国論的な歴史観が改まることはないため、初めて沖縄の歴史を勉強する人の目に触れることはほとんどありません。

よって、この章をまとめるにあたり、多くの沖縄の歴史、考古学の文献を参考にさせていただき、最先端の専門家の知見を多くの人に広めるために、わかりやすさに重きを置いて、最新の沖縄の歴史観をまとめました。しかし、正確さとしては不十分なところがあるかもしれません。そこで、参考文献を一覧にしましたので、もっと詳しく知りたいという方は、それらの著書をご参考にしていただければと思います。沖縄の歴史は非常に興味深く奥が深く、調べれば調べるほど、沖縄が古来より日本であることがわかってきます。

（ヤコウガイの写真提供：奄美市教育委員会）

【本章における参考文献一覧】

『新琉球王統史一　舜天／英祖』与並岳生著（新星出版）
『新琉球王統史二　察度王・南山と北山』与並岳生著（新星出版）
『琉球史を問い直す』吉成直樹・他著（森話社）
『日琉交易の黎明』谷川健一・他著（森話社）
『琉球王国誕生』吉成直樹・他著（森話社）
『琉球の成立〜倭寇と交易の歴史』吉成直樹著（南方新社）
『琉球王国は誰がつくったのか』吉成直樹著（七月社）
『海の王国・琉球　海域アジア屈指の交易国家の実像』上里隆史著（洋泉社）
『海の二千六百年史』高須芳次郎著（海軍研究社）
『八幡船の史的考察』松下三鷹著（東方書院）
『七〜十二世紀の琉球列島をめぐる三つの問題』安里進著（国立民俗博物館研究報告第一七九集）
『貝交易国家と国家形成—九世紀から十三世紀を対象に—』木下尚子著（熊本大学学術リポジトリ）

三章　首里城を正しく復元せよ

水面下でくすぶる危険な「首里城所有権移転論」

■首里城の復元が政治利用される！

二〇一九（令和元）年十月三十一日早朝、目を疑うような映像がテレビやインターネットで映し出されました。激しく燃える首里城の姿は沖縄県民のみならず、全国民に大きな衝撃を与えました。焼失を受けた政府の反応は異常なほど早いものでした。沖縄の経済振興政策を担当する衛藤晟一（えとうせいいち）沖縄北方担当相（当時）は同日付で「首里城は沖縄のシンボルであり、内閣府として、沖縄県及び国土交通省、文部科学省等の関係省庁と密接な連携を取り、今般の火災の全貌の把握をするとともに、再建に向けて全力で取り組んでまいります」とのコメントを出しました。

火災前日から二日間の日程で韓国の観光業界団体と意見交換のために訪韓していた沖縄県の玉城デニー知事も、予定を切り上げて三十一日午後に那覇に戻り、翌十一月一日には首相官邸を訪れ、衛藤大臣と菅義偉（当時）官房長官と続けて面談し、再建に向けて政府の支援を要請しました。政府も必要な経費を含めて全面的に支援する方向で検討を開始しました。

また、火災の原因の捜査もはじまらないうちに、再建を支援する寄付活動も迅速に動き始めました。那覇市は十一月一日、ふるさと納税の制度を利用したクラウドファンディングによる再建支援プロジェクトを開始。県内企業やマスコミも支援のための寄付を募り始め、スーパーなどで募金箱が置かれはじめました。

そもそも、基地問題に代表されるように、何かと政府と対立することが多い沖縄県ですが、このように官民問わず早くから迅速に動き始めたことで、首里城再建では一致団結して進められるかのように見えます。政府もそれを期待して、ある意味、基地問題の交渉に優位に立つために、早々に支援表明しているように見えます。

しかし、沖縄問題をウォッチし続ける筆者としては、再建に向けた国民の盛り上がりに水を差しかねないリスクと批判は承知の上で、ひとつご指摘しなければなりません。

残念ながら、首里城再建の水面下では、既に「第二の辺野古」になる火種がくすぶっています。その原因は、政府の不作為のツケに尽きます。先の大戦後、「沖縄がいつから日本なのか」分からないあいまいな歴史観を放置し、他国からの思想侵略になすすべもなく、歴史戦から国を守る体制を構築してこなかったからです。

首里城復元に関して最も警戒しなければならないのは、復元の事業主体が日本政府か、それとも沖縄県かということです。首里城跡は国有財産であり、城のあった首里城公園を含む沖縄記念公園は国営で、内閣府沖縄総合事務局の管轄ですが、沖縄ではなぜか所有権を県に移転するべきだという声をあげる方が多数いるのです。

そもそも、復元には多大な予算が必要であり、沖縄県単独の財政力では不可能です。そうであるなら、当然日本政府が事業主体になると考えるのが常識でしょう。

衛藤大臣は、十一月五日に「必要な財政支援を行うことも含め、国が責任を持って再建を進める」と改めて表明しました。ところが十日後の十五日、誰に入れ知恵されたのか、玉城知事が定例会見で、「今後、所有権移転をどうするかということも議論していく必要があるだろうと思う」と突然言い出したのです。さらに「わったー（私たちの）首里城として、多くの皆さんの魂を込めていく中に、県がどのように取り組んでいくかが一番大事だ」と続けました。

二十一日になって、玉城知事は「今の段階で、私の頭には想定も何もない」と所有権移転について発言を後退させたものの、この言葉にこそ、首里城復元を第二の辺野古どころか、琉球独立運動のシンボルにしてしまう非常に大きな危険性が潜んでいるのです。

■首里城の「所有権移転」こそ分断工作の罠である

首里城焼失直後の沖縄の二大紙は、首里城の再建報道で埋め尽くされていました。特に、『琉球新報』は、連日紙面を飾っていた米軍普天間飛行場の名護市辺野古移設に関するニュースが、消え去ってしまったと感じるほどでした。

『琉球新報』は、オピニオン連載「首里城再建・識者の見方」で、識者を次々と登場させました。ただ、この「識者」が問題でした。

琉球大の比屋根照夫名誉教授は「民衆の城取り戻す事業に」の中で、国から首里城を取り戻そうと主張しました。しかし、再建資金は国からもらいたいから「国は戦争の贖罪意識を持って再建に参加すべき」と注文を付けたのです。要するに、首里城は大戦中に軍事要塞化して司令部を置いたために沖縄戦で燃えてしまった。だから琉球王国の城を焼失させた責任は国にある、という理論です。

琉球民族独立総合研究学会の親川志奈子共同代表は「『日本の中の沖縄』を懸念」の中で、玉城知事が政府への支援要請の際に示した、祖国復帰五十周年事業として再建を進めたいとの姿勢を批判しました。所属からもうかがえるように、親川氏は自身を日本人ではなく琉球人だと思っている人物です。祖国復帰記念事業によって復元すると、琉球が日本のナショナリズムに取り込まれてしまうから、県民や県人が主体となって琉球のアイデンティティの象徴として首里城を取り戻すべきだというのです。

連載では他にも、沖縄国際大の前泊博盛教授が「自己決定権」「自立経済」確立の観点で、一章にも登場した琉球大の島袋純教授が国際連合の勧告を根拠として、それぞれ首里城の県への所有権移転を求めました。二人とも国有資産をいきなり県に譲り渡せというのだから、はなはだしく傲慢な主張です。

このように、『琉球新報』が担ぎ出した識者とは、ほとんどが琉球独立論者だったのです。

首里城火災から約一年半後の令和三年三月八日時点で、首里城復元のための沖縄県への寄付は、五十一億八二二七万円以上と多額にのぼっています。首里城正殿は国の所有なので、国が責任を持って復元することになっていますが、沖縄県は九月三十日、首里城再建に向けて、沖縄総合事務局との協議の結果、正殿に用いる大径材のうち、柱材と小屋丸太梁材を寄付金で調達し、国へ無償譲渡すると発表しました。県が調達する木材は計百七十五本。国の技術検討委員会の決定を踏まえ、樹種は国産ヒノキと決定しました。

玉城知事は同日、「寄付者の思いに鑑み、正殿に用いる柱、梁、桁などの部材のうち、首里城正殿を支える建築構造上重要な部材である柱材等に寄付金を充当していく」とのコメントを出しました。県は、赤瓦の調達や大龍柱などの石彫刻などにも寄付金を充てたい考えを発表しました。極めて正常な判断です。

しかし、沖縄県議会では、この寄付金を使用するなら、まず所有権移転をするべきではないかという質問が度々なされています。

二〇二〇（令和二）年九月三十日の沖縄県議会の一般質問で、県議の當間盛夫氏（無所属の会）は、「この四十七億――五十億近くの寄附金の思いを、しっかりと受け取らないといけないですよ。ただ単に首里城を復元したらいいという話ではなくて、やっぱりこの首里城をしっかりと沖縄県がその所有権を持つということが当然だと思って寄附をされてる方々も多いと思うんですよ。国がやるって言ってるのにわざわざ五十億近くの寄附金、所有権の移転も何も求めない。本当に知事、これでいいんですか」と質問しました。

それに対して玉城知事は、「所有権の移転については、まだその議論も端緒に就いていないということですから、まずはしっかりと復元していくということと、そして新首里杜構想も含めた首里城周辺のまちづくりにも寄与するようなそういう計画にしていきたいという構想もありますので、そこもしっかりと温めて実行していきたいというように考えています」と答弁しました。極めてまっとうな考え方です。

■「自己決定権の回復」という詭弁に騙されるな

現在、首里城の所有権と復元に関する沖縄県の立場は、「これまで、首里城の城郭内については国営公園として整備が行われてきていることから、城郭内にある正殿等は一義的には国が復元を行うものと考えており、現時点において所有権の議論を行うことは考えていない。一日も早い首里城の復興を果たすことを最優先に、城郭内の施設等の復元に係る県の役割について、国との協議を進めていく。所有権について議論することは考えていない」というものです

玉城知事をはじめ沖縄県側は、首里城復元にあたって、所有権を沖縄県に移転してしまったら、復元の予算と技術をすべて沖縄県がその責任を負わなければならなくなるため、それは非現実的だと考えているのだと思います。

ただし、玉城知事の支持者には多数の琉球独立派が存在しており、沖縄のマスコミもいつ首里城の所有権移転のキャンペーンを行うかもわかりません。

もし今後、沖縄が首里城に関してわがままをいうようになったら、「復元にもう一円の税金も使わないようにすればよいではないか」という声が聞こえてきそうです。常識で考えれば、「自分たちの城」というのなら、沖縄県外には寄付も求めず、県民や県人だけで復元すればよいではないでしょうか。通常ならそうあるべきだと筆者も思います。

しかし、絶対突き放してはならない大きな理由があります。それは、マスコミが所有権の移転を大々的に扇動する時、その本当の目的は、沖縄の人々は先住民族だと国際発信し、先住民族の自己決定権の名のもとに沖縄を日本政府から引き離し、非武装化することにあるからです。

一章で詳述した通り、二〇〇八（平成二十）年以降、国連の自由権規約人権委員会や人種差

別撤廃委員会から日本政府に対し、「琉球・沖縄の人々を先住民族と認め、その権利を保護するべきだ」という勧告が五回も出されています。国連では、沖縄県人は日本人ではなく、日本に滅ぼされた琉球王国の末裔であり、現在は日本政府の差別的支配を受けている先住民族と認識されてしまっています。

気を付けなければならないのは、前述の『琉球新報』に掲載された識者もよく使う「沖縄の『自己決定権』回復」という言葉です。これは、辺野古移設阻止運動でも多用されてきたスローガンです。

沖縄のマスコミは、自治権の拡大というイメージで報じていますが、実際の意味は全く異なります。この「自己決定権」とは、国連専門用語の「self-determination」を日本語に置き換えた言葉であり、正しくは「民族自決権」と訳すべきです。

つまり、沖縄の自己決定権の回復とは、日本政府に沖縄の人々を先住民族と認めさせて、その権利を回復する、ということです。そして最終的には、琉球王国の復活を意味します。このように、語意をすり替えながら県民を扇動し、国連に沖縄の人々を先住民族だと認めさせてきたのです。

筆者は、首里城復元の募金をされた方で、沖縄の人々を先住民族とすることを願っている人は一人もいないと信じるものです。多くの国民の首里城復元に対する純粋な善意の募金を利用した、所有権移転という狡猾な沖縄分断工作を決して許してはなりません。

首里城の守護者たちが教えてくれる「正しい再建」

■「首里城復元の功労者」山中貞則

ところで、識者たちが「首里城の所有権を沖縄県に移管すること」を主張する根底に、「首里城は歴史的に沖縄のものだ」という認識がありますが、そもそも首里城は本当に沖縄の人々だけの力で築かれ、守られてきたのでしょうか。

それを確認するために、本項では首里城の「歴史」について明らかにしていきます。まずは、戦後の再建をさかのぼって確認してみましょう。

首里城は一九四五（昭和二十）年の米軍による艦砲射撃により焼失し、琉球列島米国民政府時代の一九五〇（昭和二十五）年、城跡に琉球大学が設置されました。一九七二（昭和四十七）年五月十五日の祖国復帰とともに国史跡に指定され、一九七七（昭和五十二）年からの琉球大学の移転開始に伴い、八〇年代に入って、県と国による首里城復元に関する計画が策定されました。

本格的な復元へと動き出す際に最も大きな働きをしたのが、元通産相の山中貞則です。山中は、返還後に設置された沖縄開発庁の初代長官に就き、沖縄経済の振興に尽力しました。

「沖縄県民斯ク戦ヘリ。県民ニ対シ後世特別ノ御高配ヲ賜ランコトヲ」

山中の沖縄への特別な思いは、戦後に友人から教えられた沖縄特別根拠地隊司令官・大田実の決別電文から始まっています。

一九六四（昭和三十九）年、第一次佐藤栄作内閣が発足すると、山中は佐藤に沖縄訪問を求め、膝詰めで談じ込みました。山中は「県民が祖国に復帰できるかどうかに、内閣の命運をかける価値がある」と佐藤に断言しました。その結果、一九六五（昭和四十）年八月十九日、現職首相として戦後初の沖縄訪問が実現しました。

それ以降、本格化する沖縄返還交渉に山中も携わり、一九七二（昭和四十七）年の祖国復帰につながっていったのです。

沖縄復帰を二年後に控えた一九七〇（昭和四十五）年には、琉球政府から国費による首里城復元の要請を受けました。

「沖縄は日本のために尊い犠牲になったのだから、日本国民、日本政府として復元に力を貸すのは当然だ」

当時、総理府総務長官だった山中は、難色を示す大蔵省を説得し、政府も第一次沖縄復帰対策要綱を決定したことで、復元の道筋をつけました。

その結果、一九八九（平成元）年に首里城正殿の復元工事に着手し、祖国復帰二十周年にあたる一九九二（平成四）年に首里城公園が国営沖縄記念公園として一部開園しました。その後も復元作業は続けられ、二〇二〇（令和二）年二月に、全ての復元プロジェクトが完了したばかりでした。

■首里城取り壊しを阻止した偉人たち

さて、焼け落ちた首里城の復元を開始するにあたってですが、現場には何も残っていませんでした。それでも、復元に役立つ写真や図面といったデータの蓄積があったのは、昭和の首里城大修理を担った先人たちの残したきめ細やかな努力によるものでした。

一八七九（明治十二）年に沖縄県が設置されると、最後の琉球国王だった尚泰は、他の藩主と同じように首里城を明け渡しました。その後、一九〇九（明治四十二）年に首里区（当時）の所有物となっても世間から見向きもされず、一九一一（明治四十四）年六月には、相次ぐ地震や暴風によって正殿二階の天井が崩落するなど、廃虚にも等しい悲惨な状態をさらしたのです。

一九二三（大正十二）年九月、沖縄県は首里城正殿を取り壊すことを決定し、取り壊し式を翌一九二四（大正十三）年四月七日に実施することにしました。同時に、その跡地に沖縄県社

（沖縄神社）を建立する計画も立案されました。

さかのぼること二年半前の一九二一（大正十）年四月、香川県出身の鎌倉芳太郎が沖縄女子師範学校の美術教師として赴任しました。鎌倉は豊かな沖縄文化に惹かれ、二年の滞在で沖縄本島や宮古、八重山をくまなく歩きました。そして、沖縄の芸術や文化、宗教に関する写真やスケッチなど大量の記録を残し、沖縄文化研究の第一人者と呼ばれるようになったのです。

東京に戻った鎌倉は、一九二三（大正十二）年三月、小石川にある沖縄県出身者の寮、明正塾を訪れた際、沖縄地元紙の「首里城取り壊し」の記事を見つけました。取り壊し式が十日後に迫っていることを知った鎌倉は、すぐさま明正塾を飛び出し、本郷の東京帝大に向かいました。そして、同大教授で建築家の伊東忠太に面会し、首里城の危機を訴えました。

伊東は、当時「日本最初の建築史家」といわれるとともに、神社建築の第一人者であり、古社寺保存の権威としてその名を轟かせていました。鎌倉の要請を受けた伊東は、すぐに内務省神社局長の大海原重義に中止を要請しました。

大海原も伊東の働きかけには逆らえず、沖縄県庁に「首里城並びにその建造物は史跡名勝天然記念物に該当するので取り壊してはならぬ」と中止命令を打電しました。実際には、取り壊し式を待たずに作業が開始されており、既に瓦が外され始めたところでした。しかし、鎌倉と伊東の情熱と行動に支えられて、首里城は奇跡的にその命を守られたのです。

■幾多の困難を乗り越えた「昭和の大修理」

一九二五（大正十四）年、首里城正殿は特別保護建造物、次いで旧国宝に指定され、沖縄神社拝殿として存続することになりました。その後、修繕計画が立てられ、一九二八（昭和三）年二月には昭和の大修理が始まったのです。

しかし、早くも一九三〇（昭和五）年ごろに工程二割で工事資金が底をついてしまい、手詰まり状態に陥りました。七月には観測史上三位（当時）の台風が沖縄を襲い、那覇市では最大風速四十七メートルを記録しました。首里城も大きな被害を免れず、工事も中止状態になりました。

再び危機に陥った首里城を救ったのが、文部省宗教局の阪谷良之進と同省建築技師の柳田菊蔵です。阪谷から沖縄への派遣の命を受けた柳田は現地到着後、被害状況の調査に入りました。そこで柳田が目にしたのは、屋根が台風で剥がれ、柱もシロアリの餌食になった悲惨な首里城の姿でした。柳田は状況を手紙で報告するとともに、阪谷に素屋根（すやね）設置の必要性を訴えました。

素屋根とは、建物をすっぽり覆う仮設物で、台風による再度の被害を避けられるだけでなく、木材を風雨に晒（さら）すこともないため、劣化や損失を防ぐことができます。最大のメリットは、工事が天候に左右されなくなるため、計画通りに工事を進められることです。ただその分、高額な予算を必要としました。

阪谷も二月には自ら沖縄まで足を運び、滞在を延長して丹念に視察しました。その結果、柳田の主張通り、素屋根を用いた工法でなければ、工事は完成できないと確信したのです。

東京に戻った阪谷はすぐさま、工事費増額のために粉骨砕身の努力を始めました。それからわずか数日後、柳田に打った電文には「工費は九八九〇〇円以内に収めること」とあり、ただし書きに「貴族院議員控室にて決定す」とありました。

この予算は当時の首里市の予算にほぼ匹敵する規模であり、文部省が行ったどの修理工事も超える額でした。しかも、台風が首里城を襲う前年の一九二九（昭和四）年三月に国宝保存法が制定されたばかりで、文部省にとっては、この法律に基づいて修理しなければならない文化財が山積みだったのです。

その中には、伊東により世界最古の木造建築物であると確認された法隆寺や、西の丸の櫓(やぐら)の一部が大雨で崩壊して早急な修理が必要だった姫路城がありました。当時の文部省は、これらの文化財より、首里城の大修理を優先して予算をつけたのです。

昭和の大修理では、各部材を実測し記録を取った上で解体し、修復してから組み立てるという気の遠くなる作業を繰り返しました。それでも現場監督の柳田と文部省で監督指揮した阪谷のもとで、素屋根がかけられた正殿の修復は迅速に進んでいきました。そして、再開からわずか一年九カ月後の一九三三（昭和八）年九月二十三日、幾多の困難を乗り越えながらも、一人のけが人を出すことなく、首里城の修理が完成したのです。

■首里城はいかにして建築されたのか

さて、鎌倉や伊東が取り壊しを阻止し、阪谷や柳田により見事、昭和の大修理を成し遂げた首里城は、いつ建築されたものなのでしょうか。

首里城が着工した前年の一七〇九年の琉球は、国難ともいえる不幸の連続でした。病床にあった尚貞王のために壇を設けて、除厄祈福のために経が七昼夜唱えられましたが、七月十三日に亡くなり、在位四十一年の長期政権が終わりを告げました。

その夏、相次いで台風が襲い、作物を吹き飛ばしたかと思えば、そのあとは雨が一滴も降らない干ばつに見舞われてしまいました。十八世紀に編纂（へんさん）された琉球王国の正史『球陽』には、次のような記述が残っています。

薩州の太守、白銀を発賜して饑ゑたる民人を済ふ。
旧年の夏秋、颱颶七次あり。十月に至りて、颱風最も暴し、国、大いに饑饉を致す。王、即ち倉廩を発し、周く人民を済ふ。然れども、春に入り、饑甚だしく、民已に餓殍す。遂に其の事、薩州に聞ゆ。是れに由りて、薩州太守吉貴公、白銀二万両を寄賜して、以て本国の餓□を賑済せしむ。

（意訳）夏から秋にかけて台風が七度にわたりやってきた。特に十月の台風は激しかった。国を飢饉が襲ったのだ。そのような中、十一月二十五日午前二時。首里城が紅蓮（ぐれん）の炎に包まれた。この火災で南殿、北殿ともに跡形もなく灰になってしまったのだ。王は人民を救済するために蔵の米を放出するが、それでも足りず、三千二百人の餓死者を出してしまった。王府は薩摩の在番奉行の協力を得て、救援米の支援を要請するため飛船を出した。薩摩藩主島津吉貴が琉球に救援米三千石を貸与。続いて銀二百貫を送り、続いて白銀二万両を送った。

一七一〇年十月、首里王府は再建責任者として、向鳳彩（しょうほうさい）、今帰仁按司（あじ）朝季を総奉行に任命し、着工しました。しかし、木材が不足しているため再建がままなりません。球陽にはこのように記述されています。

薩州太守、材木を寄賜して、以て宮殿の修造を補ふ。

先年、王城回禄し、将に宮殿を修造せんとす。而して材木欠乏す。今、疏文を具し、薩州に求買す。是れに由りて、薩州太守吉貴公、材木壱万九千五百二十五本を寄賜して、以て禁城宮殿の修造を補ふ。

（意訳）去年、王城が火災で消失し、まさに宮殿を修繕しようとするが、材木が足りない。薩摩に買い求める。これにより薩摩藩主、吉貴公は、材木一万九五二五本を琉球国に寄賜し、宮殿修繕の助けとした。

蒸気船もない時代に約二万本の木材を沖縄まで送ることは、当時の薩摩にとっても国をあげた大事業だったのではないでしょうか。このような薩摩の多大な援助により、首里城の再建を行うことができたのです。

琉球については、よく「一八七九（明治十二）年の琉球処分まで独立国だった」といわれますが、江戸時代は薩摩の支配下にあって、決して独立していたわけではありませんでした。また、災害や飢饉に襲われたとき、救援の手を差し伸べたのは、明や清ではなく、薩摩です。つまり、中国の属国だったわけでもありません。

そして、首里城再建を支援してくれたのも、やはりほかならぬ薩摩でした。首里城のような巨大な建築物を建てるには、沖縄ではとても木材が足らないことは、今も昔も変わりません。

■沖縄だけの力で首里城の正しい復元は不可能

このように、首里城の歴史を振り返って分かるように、少なくとも江戸時代中期以降、建設においても復元においても、沖縄だけで成し遂げることができたケースは一つも見当たりません。首里城の復元は、沖縄県外の人々の多大な尽力により成し遂げられたものです。その背景には、戦前の国宝保存法や戦後の文化財保護法といった国の法律と、それを適用した国の補助金の投入なくしては不可能だったのです。

最後に沖縄県出身者として、首里城復元に関わっている人に伝えておきたいことがあります。復元を語るとき、前述した伊東、鎌倉、阪谷、柳田四人の功績、さらに薩摩の支援を伝えることを決して忘れてはならないということです。

彼らへの感謝を忘れたままで、正しい復元など不可能です。ましてや、その恩を忘れ、沖縄という小さな島だけで、首里城の建設や復元を成し遂げたと勘違いし、所有権の移管を主張したら、どうなるでしょうか。沖縄県は恩知らずの県民性を育む結果となり、将来に修復不可能な大きな禍根を残してしまうでしょう。

首里城に息づく伝統芸術は沖縄の誇りであることは間違いありませんが、歴史的に見れば、明らかな「国宝」であり、日本国全体で守り伝えていくものなのです。

四章　沖縄の「今そこにある危機」

尖閣諸島もう一つの危機！「四つの原則的共通認識」は狡猾な法律戦！

■中国の嘘の背後には「戦略」と「意思」がある

二〇二〇（令和二）年、中国海警局の尖閣諸島での主権侵害活動が活発化して以降、中国が日本を非難する時に繰り返し使っているフレーズがあります。それが、「四つの原則的共通認識」です。人民網（人民日報ネット版）等ではその度に報道されていますが、なぜか日本のメディアでの報道は皆無です。

二〇二〇（令和二）年五月十一日、中国外務省の趙立堅（ちょうりつけん）報道局副長官が「我々は日本側に四つの原則的共通認識の精神を遵守し、釣魚島問題において新たなもめ事が起こることを避け、実際の行動で東中国海情勢の安定を守るよう要求する」と強調しました。更に、「中国海警船は法に基づいてこの漁船を追跡監視し、直ちに操業を停止して関連海域を出るよう要求し、日本海上保安庁の船舶による違法な妨害に断固として対応した。中国はすでに外交ルートを通じてこの件について日本側に厳正な申し入れを行い、直ちに権利侵害行為をやめるよう日本側に促した」と述べたのです。

この文脈から「日本漁船の尖閣海域での漁業」と「海警局の追跡から漁船を守る海上保安庁の活動」は、「四つの原則的共通認識」に違反しているということになります。つまり何らかの日中間の合意に基づき、「釣魚島は中国固有の領土だから日本漁船も海保の巡視船も中国固有の領土領海から出ていけ！」と主張していることになります。不可解な主張ですが、日本政府は、現在無反応のままです。

しかし、中国の政治発言には、意味のない嘘も言葉もありません。日本人の嘘はとっさの言い訳が多いですが、中国の嘘の背後には、中国共産党の戦略と意思があります。政府がしっかりその意思と戦略を見抜き対処しなければ、大きな謀略にはまり取り返しのつかないことになるでしょう。

■「四つの原則的共通認識」とは何を意味しているのか？

では、このような不可解な主張をする〝四つの原則的共通認識〟とはいったい何を意味しているのでしょうか？

外務省の中華人民共和国に関するウェブサイトに二〇一四（平成二十六）年十一月七日付の

「日中関係の改善に向けた話合い」というページがあります。その一項目に「双方は、日中間の四つの基本文書の諸原則と精神を遵守し、日中の戦略的互恵関係を引き続き発展させていくことを確認した」とあります。中国が使う「四つの原則的共通認識」は、表現は異なりますが日本の外務省と取り交わしていた言葉だったのです。

「四つの原則的共通認識」とは日中間で合意した四つの政治文書のことで、一九七二（昭和四十七）年の「日中共同声明」、一九七八（昭和五十三）年の「日中平和友好条約」、一九九八（平成十）年の「日中共同宣言」、二〇〇八（平成二十）年の「日中共同声明」を指します。つまり、一九七二（昭和四十七）年以来、日中間で合意をとり約束してきた日中関係の基本方針のことです。

確かに、これらの文書は日本の対中外交の基本方針ですから、日本はこの約束を守るべきです。しかし、尖閣諸島については特段の約束や取り決めはないにもかかわらず、中国は尖閣諸島をめぐってこれらの文書を根拠に日本に対する批判をはじめたのです。

中国の身勝手なロジックを理解するきっかけとなる論文は、人民網には多数掲載されています。その中から二本紹介します。一本目は、二〇一二（平成二十四）年八月十四日に掲載された「釣魚島が日本のものではない四つの理由」という論文です。その四つの理由とは次の通りです。

①サンフランシスコ講和条約は不法条約である。
②釣魚列島は琉球列島ではなく中国に属している。
③琉球諸島は日本に属さない。琉球はかつて中国の藩属国だった。
④ポツダム宣言第八条には「『カイロ』宣言ノ条項ハ履行セラルベク又日本国ノ主権ハ本州、北海道、九州、四国及吾等ノ決定スル諸小島ニ局限セラルベシ」と定めている。戦後の日本の版図に琉球諸島は全く含まれておらず、釣魚列島にいたっては論外であることがここにはっきりと示されている。これが戦後の取り決めなのだ。日本はこれに服さなければならない。

そして、この四つの理由の関係については、次のように述べています。

これら四つの問題は互いに絡み合っているが、その中心にあるのは琉球列島の帰属の問題だ。

つまり、③が一番重要だということです。③の説明については、耳を疑うような内容が次のように羅列されています。

琉球はかつて中国の藩属国だったのだ。琉球諸島は紀元一三七二年から中国の明朝に朝貢を始めた。国王は明朝の冊封を受け、官民は実に頻繁に明朝と往来していた。一八七九年に日本が出兵し、占領するまで琉球王国はずっと中国の朝廷に直属する独立王国であり、その国民の大部分は福建省、浙江省、台湾沿海地区の住民であり、祖国大陸と血筋が相連なるのみならず、言語も文字もみな中国語であり、法制や制度も大陸の朝廷と完全に一致していたのだ。

なんと沖縄の人は大陸の血筋で、言葉も文字も中国語だと真っ赤な嘘を主張しているのです。ここに、中国の狙いは決して尖閣諸島という小さな無人島ではなく、沖縄全体を手中にしようという野心がよく見えます。次に米軍については、このようなデタラメを主張しています。

一九四五年に日本が敗戦し、琉球も日本から脱して自主性を回復した。中米国交樹立が視界に入った一九七一年、米国は中国が琉球の主権を回復した後に軍事基地の足場を失うことを恐れ、琉球の施政権（決して主権ではないことに注意）を日本に引き渡した。

この部分は解説が必要だと思います。他の中国のニュースでは、第二次大戦で米国は中国の代わりに日本から琉球を取り返したと主張していました。そこで、本来は琉球を中国に返すべきところを日本に施政権を渡してしまったというのです。また、これをポツダム宣言違反だとも言っています。

そこで重要になってくるのが、次に紹介する記事です。これは、人民網日本語版二〇一三(平成二十五)年五月三十一日に掲載された「サンフランシスコ講和条約を断じて承認せず」という論文で、中国外交部の公式発表として掲載されています。そこには、こう書かれています。

一九四三年十二月、中米英三カ国首脳はカイロ宣言を発表し、日本が中国から盗み取った領土の中国への返還を定めた。一九四五年七月のポツダム宣言は、カイロ宣言の条項は履行されるべきと再確認した。一九四五年八月、日本の天皇は終戦の詔書で、ポツダム宣言を受諾し、無条件降伏することを宣言した。一九七二年九月の中日国交正常化時に署名された中日共同声明は「日本側はポツダム宣言第八条に基づく立場を堅持する」と明記している。

この二つの論文による主張の結論は「琉球は古来より中国の一部だ」「その琉球を勝手に日本に渡してしまったサンフランシスコ講和条約&沖縄返還協定は無効だ！」「日本はポツダム宣言を守り、琉球の主権を放棄せよ！　釣魚島にいたっては論外だ！」ということになります。

突拍子もない虚喝ですが、どのようなロジックでそうなるのか解析してみましょう。

そのロジックの出発点は、昭和四十七年の日中共同声明の「日本側はポツダム宣言第八条に基づく立場を堅持する」という文言です。

ポツダム宣言には、「日本の主権は本州、北海道、九州、四国及びわれわれの決定する周辺小諸島に限定する」と書いており、われわれの中には中華人民共和国が入っており、中華人民共和国は琉球の主権が日本にあると認めていない。また、ポツダム宣言にはカイロ宣言の条項は履行されるべきとされており、カイロ宣言の「満州、台湾及び澎湖島のような日本国が清国人から盗取したすべての地域を中華民国に返還すること」という条項に基づいて、琉球は中華民国の継承国である中華人民共和国に返還するべきである。また、サンフランシスコ講和条約は、中華人民共和国が参加していない講和条約だから断じて承認しない。よって、サンフランシスコ講和条約の第三条の権利を米国が放棄したことによる沖縄返還協定も茶番である。琉球は明朝の時代から中国の藩属国であり、一八七九年に日本が強制的に併合し清国から盗み取ったのだ。よって、日本は日中共同声明で堅持すると約束したとおり、ポツダム宣言とカイロ宣言を遵守し琉球の主権を放棄せよ！釣魚島にいたっては論外である。

以上、二つの論文から解析したロジックを述べました。その本音は、「ポツダム宣言を堅持すると約束した日中共同声明を遵守せよ」ですが、そのような主張をすれば、外務省もマスコミも大問題と捉えて大騒ぎされるから、わざと気がつかれないように、日中相互に約束し全貌の把握すら困難で反論しにくい「四つの原則的共通認識を遵守せよ」という言葉でカモフラージュしたのです。

ちなみに、日中共同声明以降の三つの政治文書は、全て締結以前の政治文書を遵守することが謳われており、結局日中共同声明の遵守を求める仕組みになっています。

■外務省の無反応が招く日本の危機

日本は日中共同声明を基本として対中外交を行ってきました。しかし、なぜ、そこには「日本はポツダム宣言第八条の立場を堅持する」という文言が書かれているのでしょうか?

日中共同声明の締結時、日本側は、中国が提示した「復交三原則」の「日華平和条約は不法・

無効であり破棄されるべきである」という文言を書き入れるわけにはいきませんでした。そこで、日本側は腹案として、「ポツダム宣言第八項に基づく立場を堅持する」という文言の追加を提案し、両国が合意したと栗山尚一元駐米大使が証言しています。ただそれは、あくまで台湾の中国返還を婉曲に認めるためであり、尖閣も沖縄も関係ありませんでした。

しかし、中国は今になって、カイロ宣言に明記された「台湾及び澎湖島のような日本国が清国人から盗取したすべての地域」の定義には尖閣・沖縄も含まれていると拡大解釈し、更にポツダム宣言には、日本の主権は本州、北海道、九州、四国及びわれわれの決定する周辺小諸島に限定すると書かれており、そこには琉球は含まれていないというロジックを中国メディアで長年にわたり発信しました。その上で、公式の外交の場で、「四つの基本文書の精神を遵守せよ」と日本を批判し始めたということが分かります。

つまり、中国のこの主張は、日中外交の基本である日中共同声明の約束事項を中国側が一方的かつ狡猾な方法ですり替えた大事件なのです。

では、この問題に対して、日本の外務省はこれまでどのような対応をしたのでしょうか？

前述した通り、中国外交部報道官の「四つの原則的共通認識の精神を遵守せよ」という要求に対しては、日本の外務省は特段の反論を行いませんでした。

中国外務省は同年七月二十二日にも「日本の抗議は受け入れない」としたうえで、同様の批判を行いましたが、これにも日本の外務省は反論していません。

今度は、王毅外相が来日した時、共同記者会見で突然、尖閣に関する主張をはじめ、日本に三点を要求、その一番目に「四つの原則的共通認識を適切に遵守すること」と挙げました。これまで報道官が主張してきたことを、外相が直々に、しかも来日時に直接日本に要求したのです。中国の国際法律戦は、着実にエスカレートしています。にもかかわらず日本の外務省は、三度目の「四つの原則的共通認識の遵守要求」であることすら認識していませんでした。

更に、二〇二一（令和三）年一月十八日の『八重山日報』の報道によって明らかになったのですが、二〇一七（平成二十九）年九月、中山義隆石垣市長が尖閣諸島の字名「登野城」に「尖閣」を加える議案を議会に上程する考えを表明しました。すると同年十二月六日、議案提出前に中国福岡総領事館から中山市長に抗議したいという電話があり、それ以来、議会でこの議案の進捗があるたびに、抗議の電話がかかってきたというのです。

ここで注目すべきなのは、二〇一八（平成三十）年六月二十五日、市議会で尖閣諸島の字名を変更を求める決議を可決した二日後、同領事官の担当者は、「このことは中国主権の侵害になる。中日両国の四項目の共通認識をきちんと守ってもらいたい」と申し入れをしてきたというのです。しかし、この明らかな中国の日本に対する主権侵害に対しても、日本の外務省は沈黙しました。本来なら、領事館を追放するぐらいの大事件ではないでしょうか。

■どこまでも甘い外務省の現状認識

さて、この「四つの原則的共通認識」について、筆者は外務省の担当に電話をし、なぜ反論しないのか確認しました。すると、以下のような回答でした。

「中国の言い分は根拠のないことが多い。反論すると相手の言い分を宣伝することになるので、ひとつひとつ反論することはしない。冷静に毅然とした対応で臨んでいる」

しかし、この認識は非常に甘いと言わざるを得ません。中国側がなぜ、このような言いがかりをつけるのか、その意図を全く読み取る気配がないのです。

もとより、侵略の意図がある国が、活動を激化させながら言いがかりを付ける理由は、最後に奪い取る口実を積み上げていると見るのが妥当ではないでしょうか。中国の立場から見れば、何度も日本に四つの原則的共通認識を遵守するよう求めていますが、日本はそれを破り続けているということになります。それを根拠にして何らかの対日制裁、最悪の場合は、武力行使、最も最悪の場合は核による恫喝の口実に使われる危険性があるのです。

その時に日本側が「何ら約束を破っていない」と言い訳をしても、中国に「日本は日中共同声明でポツダム宣言八条の立場を堅持すると約束したではないか」と激しく非難され、急に国際社会に向けて説明を始めても、同盟国ですら日中の紛争を傍観せざるをえない状況になってしまいかねません。

そもそも、日本の考える日中友好は純粋な文化・経済交流ですが、中国のいう日中友好は日本に対する尖閣・沖縄の主権放棄です。つまり、尖閣諸島・沖縄防衛と日中友好の両立は不可能であることが明らかになったのです。

また、その前提として、中国がサンフランシスコ講和条約を承認していないことも明らかなので、日米同盟と日中友好は決して両立できません。日本はもはや、日中共同声明の破棄も覚悟で、対中外交を行う段階に突入したのです。

外務省は、直ちに日中共同声明に対する相互の認識の齟齬を明らかにし、中国側が意図的に合意事項をすり替えて日本を批判していることを公式に国際社会に対して発信、日中間の認識が一致し、かつ尖閣諸島の安全保障上の懸念が払拭されるまで、全ての合意事項を棚上げにするべきです。

既に主張し続けていた「カイロ宣言」「ポツダム宣言」を根拠にしたロジック

以上、現在の尖閣諸島をめぐる中国の対日批判は、決して沈黙していてはならず、日中共同声明の破棄も覚悟で反論するべき、狡猾な罠が潜んでいることを説明しました。

次に、この中国の法律戦は、今に始まったことではなくかなり練り込まれた東アジアの国際秩序の大転換を狙う大戦略であることを確認してみましょう。

二〇一二（平成二十四）年九月二十六日の国連総会の一般討論演説において、野田佳彦首相（当時）が領土問題や国際紛争に言及し、「自分の主義・主張を、一方的な力や威嚇を用いて実現しようとする試みは、決して受け入れられるものではない」と述べ、国名を出さずに中国を牽制しました。

これに対して中国の楊潔篪外相（当時）は「日本が釣魚島を盗み取った」と七回に渡って日本を「盗人」呼ばわりするなど、過激な言葉で非難を続けました。日本側も答弁権を行使して、激しく応酬しました。

日本のメディアでは、中国がいきなり感情的で下品な言葉を使い始めたかのような報道をしましたが、実は中国は粛々とマニュアル通りに作戦を進めているに過ぎません。なぜなら、盗人発言は、この前日の九月二十五日、中国が公開した「釣魚島は中国固有の領土である」白書に基づいたものだったからです。この白書の目次の二番目は「日本は釣魚島を窃取した」であり、次のように書かれています。

一九四三年十二月の『カイロ宣言』は、「日本が窃取した中国の領土、例えば東北四省、台湾、澎湖群島などは中華民国に返還する。その他日本が武力または貪欲によって奪取した土地からも必ず日本を追い出す」と明文で定めている。

つまり、日本を「盗人」と批判するのは、中国が尖閣諸島を領有する権利の根拠となるカイロ宣言の条文に基づいたものだったのです。それは中国の戦略であり、中国はいつ、日本を「盗人」呼ばわりした批判をはじめてもおかしくないということです。また、この白書には、前述した人民日報の二本の論文とそっくりの理論が展開されています。

一九四五年七月の『ポツダム宣言』第八条では、「『カイロ宣言』の条件は必ず実施されなければならず、日本の主権は必ず本州、北海道、九州、四国およびわれわれが定めたその他の小さな島の範囲内に限るものとする」と定められている。(中略)一九七二年九月二十九日、日本政府は『中日共同声明』において、台湾が中国の不可分の一部であるという中国側の立場を十分に理解し、尊重し、かつ『ポツダム宣言』第八条における立場を堅持することを厳かに承諾した。以上の事実が示しているように、『カイロ宣言』『ポツダム宣言』『日本降伏文書』に基づき、釣魚島は台湾の付属島嶼として台湾といっしょに中国に返還されるべきものである。

このように、人民日報の論文で解析したロジックと全く同じです。大きな違いは、この白書では沖縄の主権についての言及は避け、尖閣諸島のみの権利を主張していることです。

しかし、中国はいつでも、カイロ宣言の「澎湖島のような島々」に琉球諸島まで含めて主張できるように狡猾な準備をしています。それは、国連の自由権規約委員会及び人種差別撤廃委員会で、二〇〇八（平成二十）年から合計五回「日本政府は琉球・沖縄の人々を公式に先住民族と認めて、その土地と母国語である琉球語で学ぶ権利を保護せよ」という趣旨の勧告が出されていることです。これは、前述した人民日報の「釣魚島が日本のものではない四つの理由」の「③琉球諸島は日本に属さない。琉球はかつて中国の藩属国だった」に正当性を与えるものです。

沖縄の人々を先住民族にする本当の狙いは、米軍基地の撤去です。日本も二〇〇七（平成十九）年に採択した「先住民族の権利に関する国際連合宣言」の三十条では、先住民族の合意や要請のある場合を除いて、先住民族の土地または領域で軍事活動は行われないとされています。すなわち、既に国連標準では、沖縄の人たちが反対する米軍基地の駐留は、この国際連合宣言に違反しているということなのです。また、沖縄県が自衛隊の撤退を求めたら自衛隊も撤退しないといけないということになるし、中国人民解放軍は駐留ＯＫとなればその駐留も可能となってしまうのです。

つまり、尖閣諸島の問題だと思っていたら、武力衝突等が起きた瞬間にあっという間に、中国の国際法律戦で沖縄の主権問題にまでエスカレートし、気がついたときには、マスコミの扇動により、日本では「沖縄への基地押しつけ差別は解消すべき。日米同盟は全国で負担しよう！」という世論が作られてしまい、米国をはじめ海外では、「明治以来差別され続けた琉球人の権利を保護するべき」という世論が作られて、八方塞がりになりかねません。

その結果、非武装化の流れがつくられてしまう恐れがあるということです。

自分たちは日本人だと主張する沖縄県人の声は、国内外のマスコミによって完全無視される可能性が極めて高いです。現に筆者が沖縄の人々を先住民族とする国連勧告の撤回を求める陳情活動を展開し、三十七自治体で意見書を提出する大きな成果を出した時も、マスコミの報道は見事なほど皆無でした。このような環境では、沖縄を日米同盟の最重要拠点と位置づける日本政府は、少数民族差別をしている悪者とされてしまいます。このままでは、「琉球はかつて中国の藩属国だった。ポツダム宣言・カイロ宣言を遵守して日本は琉球の主権を放棄せよ！」という主張に反論することも、かなり困難になってしまうでしょう。

沖縄の歴史戦で日本を不利にしているのは、日本政府をはじめ、日本国民の多くが、江戸時代の沖縄は薩摩の支配下に置かれるとともに明や清に朝貢するという「両属の地位」にあったと認識しているからです。沖縄は一度たりとも中国に属したことはないにもかかわらず、沖縄が半分中国に属していたと認めるようなものであり、現在、琉球を植民地支配したと主張する中国の立場を著しく後押しするものです。

■もう一つのシナリオ、東シナ海・尖閣諸島共同開発・管理

実は、「四つの原則的共通認識」という言葉には、もう一つのシナリオが埋められています。それは、東シナ海の共同開発・管理です。中国海警法が施行された直後の二〇二一（令和三）年二月三日、第十二回「日中高級事務レベル海洋協議」が開催されました。中華人民共和国駐日大使館のウェブサイトには、以下のような合意事項が報告されています。

双方は、中日首脳による共通認識と四項目の原則的共通認識を全面的に実行に移し、（中略）共に努力して東中国海を平和、協力、友好の海にすることを確認した。
双方は以前得られた東中国海問題の原則的共通認識に基づいて、東中国海の資源共同開発を引き続き検討したいとした。

これを日本の外務省は、以下のように表現している。

双方は、東シナ海を「平和・協力・友好」の海とするとの目標を実現していく観点からも、海洋分野における具体的な協力・交流を推進していくことで一致しました。
双方は、東シナ海資源開発に関する「二〇〇八年合意」について、同合意の実施に向け

て引き続き意思疎通を続けていくことを確認しました。

表現は異なりますが、《東シナ海を「平和・協力・友好の海」とする》ということと、《東シナ海資源共同開発》が合意事項の柱のようです。

これらの根拠となる政治文書は、四つの政治文書の四番目、二〇〇八（平成二十）年五月七日の《「戦略的互恵関係」の包括的推進に関する日中共同声明》です。そこには、《双方は、二〇〇六（平成十八）年十月八日及び二〇〇七（平成十九）年四月十一日の日中共同プレス発表にある共通認識を引き続き堅持し、全面的に実施することを確認した》という一文があります。

そして、二〇〇六（平成十八）年十月八日の安倍首相（当時）が発表した日中共同プレスには、《双方は、東シナ海問題に関する協議のプロセスを加速し、共同開発という大きな方向を堅持し、双方が受入れ可能な解決の方法を模索することを確認した》と書かれています。

翌年にはこれが進展し、二〇〇七（平成十九）年四月十一日の日中共同プレスでは、《双方は、東シナ海問題を適切に処理するため、以下の共通認識に達した》とあり、具体事項が六点列挙されています。二つだけ示します。

（一）東シナ海を平和・協力・友好の海とすることを堅持する。
（四）双方が受入れ可能な比較的広い海域で共同開発を行う。

つまり、四つの原則的共通認識とは、東シナ海の中国との共同管理が含まれていたのです。さっそく外務省に、海警法の施行直後の緊迫した時になぜこのような協議を行ったのか問い合わせてみたところ、以下のような回答でした。

「これは、尖閣問題とは全く切り離しているので問題はありません。もし、尖閣諸島を絡めてくるようなことがあれば、交渉はすぐに切ります」

つまり、外務省は、尖閣諸島の主権侵害を繰り返している国と、その周りの東シナ海の共同開発の協議を進めているのです。いったい、どのようなシナリオで尖閣諸島の主権侵害問題を解決するのでしょうか？

外務省には、中国に圧力や制裁を行う姿勢は全く見えません。このまま外務省にこの問題の解決を任せれば、現状維持の友好ムードで自衛隊の出番がないまま、中国を東シナ海に招き入れ、尖閣諸島を共同管理、更には沖縄まで共同管理に持っていかれかねません。つまり、気がついたときには沖縄はチベットやウイグル、南モンゴル状態になってしまうかもしれないのです。

■日中友好運動はサンフランシスコ講和条約体制の打破

繰り返しになりますが、中国は、琉球は古来より中国の一部であり、それを奪い取ったサンフランシスコ講和条約と沖縄返還協定を認めず、カイロ宣言とポツダム宣言に基づいて日本は琉球の主権を放棄せよと主張しています。もはや、日中友好と尖閣・沖縄防衛は両立させることは不可能なのです。

中国のこのような主張は、一見突拍子もないように聞こえますが、日中友好運動の歴史をたどってみると、その立場は首尾一貫していることが見えてきます。

大東亜戦争終結後の一九四九(昭和二十四)年、中国共産党は中国国民党との内戦に勝利し「中華人民共和国」を樹立しました。翌年六月朝鮮戦争が勃発すると、中国人民解放軍も参戦しました。

同年十月一日、東京に日中友好協会が発足しました。当時は、講和条約の在り方で世論が真っ二つに分かれていましたが、日中友好協会は、中国を含む社会主義国も講和に参加する全面講和を推進していました。さらに、全占領軍の撤退と再軍備反対を主張していました。それは、まさしくポツダム宣言に基づく講和で、現在中国が主張していることと全く同じです。

幸い当時の吉田茂首相によって米英主導の単独講和で講和条約を締結し、同時に日米安保条約、翌年に日華平和条約を締結しました。そのとき、日米台による共産主義勢力封じ込め体制ができたのです。

当時の中国は国連の常任理事国ではなく、逆に国連総会が中国向け禁輸勧告を出し、さらに対共産圏輸出統制機構（COCOM）の対中国版といえる対中国輸出統制委員会（CHINCOM）が設置され、国際社会から厳しい経済制裁を受け、日本も対中貿易は禁止されていました。『日中友好運動史』（日本中国友好協会正統中央本部著）には、「日中友好運動はこのときから、いわゆるサンフランシスコ体制＝『中国封じ込め』体制への抵抗という新しい段階に入っていった」と記されています。

日中友好協会はそれから二十年間、物々交換の民間貿易という蟻の一穴からさまざまな民間交流や経済交流という名の対日工作を行い、一九七二（昭和四十七）年の日中共同声明によって、日本との国交を樹立しました。その二十年間は同時に、安保闘争や沖縄復帰闘争、原水爆禁止運動に深く関わりましたが、佐藤栄作首相が「米軍の基地機能を残したまま施政権の返還」を実現し、日米同盟による封じ込めを破ることはできませんでした。しかし、日華平和条約の破棄により、日本は中華民国と断交し、中国包囲網の一部が破られたのです。

中国はそれから五十年かけて軍事力と経済力を蓄えてきました。実力のついた今、サンフランシスコ体制の打破に向けて、日米にさまざまな工作を仕掛けています。

二〇一〇（平成二十二）年に尖閣諸島沖で起きた中国漁船衝突事件直後からは、琉球独立工作を仕掛け、五度も「琉球・沖縄の人々を先住民族としてその権利を保護すべき」という趣旨の国連勧告を日本に対して出させました。国連による先住民族の権利宣言の三十条には「先住民族の土地では軍事活動は行わない」という決まりがあり、日本政府も批准しています。中国はそれを根拠に国際世論に訴え、在沖縄米軍の撤退を狙っているのです。

中国の尖閣諸島近海での活動は、単なる局地的な軍事戦略ではなく、カイロ宣言とポツダム宣言を錦の御旗として、戦後のサンフランシスコ講和条約体制を打破する罠がしかけられているのです。尖閣で紛争が勃発したとき、その罠が発動し、尖閣諸島の中国と沖縄の共同管理、最悪の場合、日本に琉球の主権を放棄せよと求めてくる可能性もあります。そのときは、呼応するように沖縄のごく一部の琉球独立派が声を上げ、沖縄のメディアが針小棒大に報道し、全米主要メディアも「尖閣は琉球のもの！　琉球独立こそ平和への道！　沖縄が独立宣言！」などと大々的に報道する可能性があります。

また、米国の主要メディアは、中国封じ込め政策をとるアメリカのトランプ前大統領に異常なほど批判的でしたが、それは中国の統一戦線工作に組み込まれている可能性が高いからです。

そうなると、米国の世論は米軍の沖縄撤退に傾きかねません。米軍が撤退した場合、最後の頼みは自衛隊ですが、もし、独立宣言をした沖縄県知事が人民解放軍の沖縄の駐留を認めた場合、果たしてそれを阻止することができるのでしょうか。人民解放軍が沖縄という軍事的要所を獲得したら、その先はどうなるかは想像に難くありません。

以上のことから、尖閣諸島の実効支配を強化する中国の意図は、単なる尖閣諸島やその海域の支配ではなく、沖縄の強奪であり、サンフランシスコ講和条約体制の打破であることが見えてきます。そしてその先にあるのは、中国による新たな国際秩序です。それは、東アジアが一党独裁の全体主義社会に組み込まれてしまうことを意味します。

■国防は安全保障だけにあらず

中国の仕掛けている、法律戦や歴史戦は、平時では放っておいてもよい、馬鹿話で済まされるかもしれません。しかし、一旦有事が発生し、一瞬一瞬の外交発言が国家の命運をかけるような事態になった時に、外堀が埋められていることに気がついて慌てても遅いのです。特に中国による主権侵害を主権侵害と認識せず、現状維持を図る外務省は、気がついた時には身動きができなくなっているでしょう。

そうした事態を回避するため、日本は、日中友好という洗脳から正気を取り戻し、海警にこれ以上領土主権の侵害を繰り返させないために、全省庁を挙げて、対中抑止力の再構築、対中歴史戦、法律戦を総合的に練り上げ、反撃するべき時に来ているのです。その圧力と対峙している日本は、単なる尖閣防衛の強化ではなく、まずは、サンフランシスコ講和条約締結の原点に戻り、日米台の同盟による中国封じ込め体制の強化に向けて大きく舵を切るべきではないのでしょうか。

この日米台同盟の中心に沖縄が位置するため、中国の沖縄分断工作をも封じ込める力を持っています。具体的には、日本版台湾関係法の制定が急務ですが、何も新しいことをやるわけではありません。中国の罠に掛かった日中共同声明の締結前に時計の針を戻すだけです。その先にこそ、中国の全体主義による世界支配の野望を阻止し、自由主義諸国による開かれた未来が見えてくるのではないでしょうか。

次に、四つの政治文書について「日中共通認識確認会議」の開催を提案することです。そして、双方の言い分を公にし、米国をはじめ多くの国を味方につけた上で、中国側の言い分が国際社会では通用しないことを知らしめるのです。

さらに日本政府は、中国の仕掛ける罠を明確に把握した上で、外交防衛戦略を練り直して反撃する必要があります。二〇一三（平成二十五）年、内閣官房に設置された領土・主権対策企画調整室による情報発信は、沖縄の歴史戦に関して不十分です。国連のクマラスワミ報告や委員会の勧告に翻弄されている慰安婦問題のことを思い出してください。沖縄の人々を先住民族として公式に認めるべきだという国連人種差別撤廃委や自由権規約委の勧告が独り歩きして取り返しがつかなくなる前に、力強く情報発信しなければなりません。尖閣と同等かそれ以上に沖縄の歴史戦に力を入れなければ、優位は築けないのです。

中長期な課題にも目を向ける必要があります。日本にはスパイ防止法がないため、中国に対する毅然とした外交防衛体制を整えようと思っても潰されてしまいます。そこで提案したいのが、全省庁による、あらゆる領域に対する「国防計画」の策定です。

政府が策定する防衛計画の大綱と中期防衛力整備計画はあくまで安全保障政策の指針や計画であって、経済や世論戦、歴史戦の分野にまで広げることは不可能です。そこで、自衛隊以外の省庁も参加することで、横断的に計画策定を進めなければなりません。具体的な例でいえば、経済産業省は経済領域での他国（中国）の侵略を想定した計画となります。重要技術の流出や中国製ハイテク機器の導入によりスパイ活動のインフラを構築されるリスクなどを回避する政策立案が必要です。また、文部科学省は教育、歴史などに対する侵略行為を想定します。地方自治体でも、その特色に応じて経済や歴史戦における侵略を想定し、特に北海道や沖縄などが急務でしょう。

精神的に自立し、国家百年の計を考えることができるリーダーを日本で輩出するためには、国民全員が国防を考えるスキームをつくることが重要です。まずは、公務員が自分の管轄領域で「国防」を担うところから始めることです。すぐに着手することは困難かもしれませんが、戦わずして中国の「属国」にならないために、現政権にはぜひとも実現に向けて動いてほしいと願わざるをえません。

沖縄と秋田「落選の法則」が教えてくれた自民党に忍び寄る危機

■沖縄は本当に「革新地盤」なのか？

二〇一九（令和元）年七月二十一日に行われた参院選で、与党の自民・公明両党は改選・非改選合わせ、過半数を大幅に超える百四十一議席を獲得しました。憲法改正に積極的な日本維新の会の十二議席と無所属の三議席を加えると百六十一議席となり、改憲の発議に必要な三分の二（百六十二）を割り込んだものの、安定的に政権を運営する議席を獲得しました。

一方、沖縄県の自民党は厳しい状態を抜け出すことができませんでした。米軍普天間飛行場（宜野湾市）の名護市辺野古移転をめぐる問題で、二〇一四（平成二十六）年に自民を離党した翁長雄志前知事が誕生して以来、県政野党の立場が長く続いています。

二〇一八（平成三十）年九月三十日に行われた沖縄知事選でも、自民県連は宜野湾市長だった佐喜眞淳氏を擁立して県政奪還を狙いましたが、急逝した翁長氏の「遺言」で擁立された自由党幹事長の玉城デニー氏に敗れてしまいました。翁長前知事の就任以来、県内の衆院選挙区で当選したのは四区の西銘恒三郎氏だけで、参院選は全敗してしまいました。

この結果から、沖縄県民は他の都道府県民と比べ、強い反米感情を持っている革新地盤に見えますが、本当にそうなのでしょうか？　実は、過去の首長選からは、必ずしもそうとはいえないことが見えてきます。

沖縄県内には十一の市がありますが、翁長県政以降の市長選を見てみましょう。石垣、沖縄、うるま、浦添、糸満、宜野湾、名護の七市は自民系の候補が当選しています。

日米同盟を重視し、普天間飛行場の辺野古移設を容認する自民党もかなりの支持を得ていることが分かります。負けたのは、翁長前知事の地盤である那覇市と保守分裂選挙となった豊見城市、そしてわずか六十五票差で負けた南城市、そして元自民党県議会議員の座喜味氏が自らの支持者とオール沖縄に担がれて当選した宮古島市の四市です。

大ざっぱに見たとしても、個別の特殊事情を除けば、辺野古が争点にならない市町村長選での自民系は強く、争点外しのできない国政選挙では落選するという「法則」が見られるのです。では、この法則は基地アレルギーが強い沖縄だけの特殊事情なのでしょうか。

先の参議選では、沖縄と類似した落選パターンが他の選挙区でも見られました。それが秋田選挙区です。

秋田選挙区は自民候補が過去三連勝し、三年前の参院選でも、東北六県で自民が唯一勝利した選挙区でした。ところが、今回、地上配備型迎撃システム「イージス・アショア」配備問題が争点に急浮上したとたんに逆風が吹き荒れ、自民の現職候補は敗北を喫したのです。

争点こそ辺野古とイージス・アショアと異なりますが、その負け方は沖縄県の選挙とそっくりなのです。秋田では、野党が沖縄と同じく、統一候補を擁立していました。そのような中、防衛省の不手際が続いたこともあり、イージス・アショアの配備が争点として大きくクローズアップされました。そして、自民党候補が争点外しのため、配備への賛否を明確にしなかったのです。

要するに、沖縄と秋田が負けパターンに陥った最大の原因は、ひとえに有権者が政府の安全保障政策に理解を示さなかったことにあります。そうであるなら、ここで立ち止まって考えなければなりません。

■安全保障が争点になったときに自民系候補が落選する

そもそも、安全保障問題に関する最終的な有権者への説明責任は誰にあるのでしょうか。果たして国政選挙の候補者なのでしょうか、それとも都道府県知事なのでしょうか。

いずれもNOです。それは安全保障政策の執行者、すなわち防衛省であるべきです。究極的には防衛大臣、そして自衛隊の最高指揮官たる総理大臣ということになります。

では、防衛大臣はこれまで、沖縄でどのような説明をしていたのでしょうか。防衛大臣が沖縄入りした際には、知事と面談して辺野古移設への理解を求めるケースが非常に多く見られます。しかし、仮に知事が理解を示したとしても、有権者に何らかの説明があるわけではありません。有権者が理解していないから、選挙になれば、マスコミの報道に大きく影響されてしまいます。

今回の秋田選挙区でも、安倍晋三首相（当時）が現地に応援に入り、イージス・アショアの必要性を懸命に訴えました。しかし、それも時既に遅し。選挙戦がスタートしてからでは、難しい話をしても間に合わないのです。

結局、秋田の選挙で明らかになったのは「安全保障政策を推進する立場の自民党が、安全保障が争点になった選挙には極めて弱い」ということではないでしょうか。

つまり、沖縄での選挙の連敗は沖縄の特殊事情で敗れたのではありません。国防の「最前線」にある沖縄の選挙で、最大の争点が安全保障だったから負けたのです。

そう考えれば、全国どの選挙区でも、安全保障が最大の争点に浮上すれば、沖縄や秋田と同じように自民系候補が落選の憂き目を見る可能性が高くなるのではないでしょうか。

これは、日本の未来にとって危惧すべき問題です。もし、安全保障を取り巻く環境がさらに厳しくなり、国防力の強化が必要になった最も重要な時にこそ、自民党が野党に転落する可能性が高くなるとは言えないでしょうか。

■有権者に説明できるように、候補者全ての安全保障に対する素養を上げよ

しかし、このような状況を作り出した原因は自民党にあります。長く政権与党の座にある間、国防の大半を米軍に依存し、自ら国防政策についての議論を深めることもなく、国民の国防教育も怠ってきたことにあります。そうして、政治家は国防に関する説明能力を失い、国民は安全保障に関する理解能力が奪われたのです。

今からでも遅くありません。自民党はこの課題を克服するためにあらゆる手を打つべきです。選挙が始まってから国防政策を説明したのでは意味がありません。

本来なら、大学に地政学や軍事学のコースを設置し専門家を育成し、国民の素養を向上させるべきですが、急にはそこまでは届きません。

まずは、自民党所属の政治家全ての安全保障知識の素養を上げるとともに、選挙運動の最前線に立つ党員に選挙運動で自民党政府の国防政策を一般の有権者に説明できるように育成すべきではないでしょうか。国民の国防に対する理解力と政治家の説明能力の向上こそが、日本の国防力の基礎につながっていくはずです。

香港問題で沖縄県民の目覚めを阻止する沖縄メディアのトリック

■沖縄メディアが行った巧妙な論点ずらし

二〇二〇（令和二）年六月三十日、香港国家安全維持法（国安法）がついに施行されました。翌日の返還記念日に香港市民の抗議デモが行われ、現地メディアによると逮捕者は約三百七十人に上ったということです。一九九七年七月に英国から返還された香港に対し、中国は外交・防衛を除く分野で高度の自治を五十年間維持すると約束していました。

しかし、この瞬間、香港の「一国二制度」は形骸化してしまったのです。もはや、香港に希望はありません。香港がウイグルやチベットのように弾圧される時代もそう遠くないかもしれません。自由を求めて香港を脱出する人も多くなってくるでしょう。

さて、このような香港のニュースは日本国内でも注目され、偏向報道で有名な沖縄メディアでも報道されています。人権がじわじわと奪われていく香港の実態を目にすれば、沖縄の人々もさすがに中国の脅威に気がつき、反米運動や反米報道も収まっていくのではないかと期待する人も少なくないと思います。

実際にはどうなのか、沖縄メディアの香港に関する報道を確認してみましょう。七月六日の『沖縄タイムス』では、「香港の民主主義が死んだ…国安法おびえる県出身者　『デモできる沖縄がうらやましい』」という記事の中で、香港在住の沖縄出身女性の声を伝えていました。

約三十年住むその女性は「意思表示できる自由があることを、当然だと思わないで」と、政治や選挙に目を向けることの大切さを訴えていました。筆者もその通りだと相槌を打ちたくなりました。

しかし、記事を読み進めていくと、後半になって香港の問題が想像を超える方向に変わっていったのです。引き合いに出されたのは、昨年、米軍普天間飛行場（宜野湾市）の移転に伴う名護市辺野古埋め立てを問う県民投票の運動に参加した二十五歳の写真家の言葉です。

彼は、示された新基地建設反対の民意を無視し、日本政府が工事を強行する沖縄の現状に「民意を国家の力で押さえ付ける香港の状況と似ている。沖縄も安心できない」と危機感を抱き、「香港の人々の話を聞き内実を知ることで沖縄の現状打開についても模索し、連帯していきたい」と語っていました。

このような報道は、今回だけの話ではありません。香港区議会（地方議会）選挙で民主派が圧勝した直後の二〇一九（令和元）年十一月二十八日、琉球朝日放送で「香港民主化デモ現地で見えた沖縄との共通点とは」という特集が放映されました。

取り上げられたのは、香港に実際足を運んだ二百万人デモの参加者たちが那覇市内で開いた報告会です。香港警察による発砲など人権を無視した過激な取り締まりの悲惨さや国家権力の恐ろしさを伝えた上で、報告者は次々にこのようなことも訴えていました。

「個人の権利対国家の権力の戦いというか構造になっている。それは沖縄とも結びつきがあるというか、同じ構造であると僕は考えていて」

「沖縄もそうだけど香港も決まったことだからということで諦めないで、若い人たちが将来の人のために、自分たちの未来のために一生懸命声を上げている。そのことを沖縄の人たちも知ってほしいと思いました」

つまり、中国による香港弾圧が米軍基地撤去運動のブレーキになるのではなく、アクセルとして利用するという巧妙すぎるすり替え報道が行われているのです。だから、香港の民主運動家と連帯して立ち向かうべき敵が、なぜか中国共産党ではなく、日本政府になってしまっています。

■中国の人権侵害にはだんまりな人権活動団体のダブルスタンダード

世界最大の人権弾圧国家は間違いなく中国です。また、世界最悪の人権弾圧国家は北朝鮮といえるでしょう。

香港の民主主義が中国共産党の全体主義的国家権力により崩壊してしまった今、その矛先は台湾、そして沖縄に向かう可能性が高まることは間違いありません。しかし不思議なことに、日本国内の人権団体と呼ばれる組織が、中国や北朝鮮に対する批判や抗議運動をしているのを目にすることはありません。その理由は何なのでしょうか。

日本の人権活動団体の中で、最も影響力があるといわれている「反差別国際運動」があります。ジュネーブに事務所を設置し、日本組織として、反差別国際運動日本委員会(IMADR—JC)を設置しています。国連における日本の人権運動の代表格であり、顔といってもいいでしょう。

この団体が中心となって、人種差別撤廃NGOネットワークという団体が設立されています。そのネットワークの参加者として名を連ねる人種差別に取り組む団体は八十を超えます。

ただ、これだけの団体がありながら、北朝鮮による日本人拉致犯罪に関しても、中国のウイグルやチベット弾圧についても取り上げている団体はほとんど見られません。取り上げているのは、日本人による在日や部落、そしてアイヌや琉球などの少数民族差別や、日本国内の性的マイノリティ差別のようにここ数十年取り上げられ始めた新しい差別概念に関するものばかりです。

一方、国連で中国批判を行う日本の団体は新参者といってもいい小さい組織で、訴えが取り上げられるのは容易ではありません。

■沖縄こそ民主主義の防波堤

香港が中国の全体主義に呑み込まれてしまった以上、沖縄は、まさに民主主義の防波堤です。その沖縄を守るために、現時点で着手可能なことを考えてみたいと思います。

まずは、日本の海上保安庁が台湾の海巡署と共同で「海難救助訓練」を行い、中国の海警局の船を海賊と想定した訓練を繰り返すことです。

もう一つは、日台経済安全保障同盟の締結です。経済安全保障には、軍事転用可能な技術流出防止や中国製の第五世代（5G）移動通信網の排除だけではなく、チャイナマネーによる不動産の購入制限、中国依存のサプライチェーン（供給網）見直しのように、分野が多岐にわたります。中国の経済侵略を受けてきた台湾が抱えている課題は、日本とほぼ同じはずです。そうであれば、その取り組みを日本と台湾が個別に実施するのではなく、情報を共有し、協力・調整し合えばいいのではないでしょうか。

扱う業種、品目次第ですが、日台間に相互の優遇措置を設けて、サプライチェーンを密にすることも可能ではないでしょうか。特に、沖縄を日本と台湾の中継基地としてサプライチェーン網を構築できれば、日台間の経済交流が密になり、中国を大陸側に封じ込める「海の万里の長城」となるに違いありません。

五章　「祖国復帰の先導者」大濱信泉

沖縄に「日本人として」の教育を取り戻す

■いまなぜ「大濱信泉」なのか

さて、この章では沖縄県出身者以外では、関心が薄いかもしれませんが、一九七二（昭和四十七）年の沖縄県祖国復帰の重要な裏話をしたいと思います。

それには、大きな理由があります。これまで縷縷述べてきたように、現在の日本では、沖縄の人々を先住民族として日本から切り離そうという力が大きく、それも執拗かつ巧みに働いています。しかし、実は、沖縄の人が先住民族であるとか、日本を憎んでいるとか、独立を望んでいるという認識は、沖縄県祖国復帰という厳然とした動かすことのできない歴史により、完全に真っ赤なウソであることが、既に証明されているのです。

それにもかかわらず、ごく少数とはいえ、日本国内にこのような嘘を信じてしまう人たちがいるのは、日本国民が「沖縄県祖国復帰」という重大な歴史を忘れてしまったからだといわざ

大濱信泉

るをえないのです。

戦後、米軍統治下におかれた沖縄の先人たちは、米軍への従属を選ばず、琉球独立も選ばず、日本人としての矜持を守り抜き、祖国日本への復帰を選び、それを平和裏に勝ち取ったのです。

本書の刊行の翌年、令和四年は、「沖縄県祖国復帰五十周年」に当たります。その年が是非とも、日本国民全員で「沖縄県祖国復帰の意義を考え直す年」であってほしいと願っています。

そのような思いで、今回は、沖縄県石垣島出身で、沖縄県祖国復帰に偉大なる貢献をした、早稲田大学第七代総長・大濱信泉（おおはまのぶもと）の功績を振り返ってみたいと思います。

沖縄県の祖国復帰を語る時、誰もが屋良朝苗（やらちょうびょう）を思い浮かべると思います。屋良の復帰への情熱と異民族支配下でも祖国日本と同じ教育を行うという信念なくして、沖縄県祖国復帰は実現することは不可能だったでしょう。しかし、沖縄県祖国復帰を語る時、決して忘れてはならない人物がもう一人います。それが大濱信泉です。

大濱信泉は一八九一（明治二十四）年、石垣市登野城で大濱信烈の長男として生まれ、八重山高等小学校の尋常科四年、高等科四年を終えたのち、沖縄県師範学校に入学しましたが、十八歳の春、女子学生に出したラブレターが原因で退学処分を受けてしまいました。

しかし、先生のアドバイスに従い、上京して再起を図ることにしました。ところが、上京してやっと郁文館中学に入学できたところに、徴兵令により小倉の歩兵第四十七連隊に入隊することになり、二年間の軍隊生活を送ることになったのです。

一九一三（大正二）年の暮れに満期除隊したあとは、翌年四月に早稲田大学高等予科の政治経済学部に入学し、途中から弁護士を目指し、法学部へ転部。一九一八（大正七）年首席で卒業し、三井物産に入社、翌年弁護士試験に合格。一九二一（大正十）年に弁護士事務所を開業し、翌年には早稲田大学の非常勤講師に就任しました。結局、この道が自分自身に適合していると判断し、一九二五（大正十四）年に弁護士は廃業し、大学講師の仕事に専念することにしました。

十九歳で沖縄師範学校を退学して以来、波乱万丈の人生を歩んだ大濱ですが、三十三歳で早稲田大学助教授、三十六歳で教授に就任し、終戦直後の一九四六（昭和二十一）年には、早稲田大学の理事に就任し、教育者として出世していきます。

その大濱が、一九六五（昭和四十）年八月、故郷沖縄への現役総理大臣初の訪問に、特別顧問として同行したのです。これ以降、政府の沖縄返還交渉は急加速していきますが、その裏では常に大濱の動きがあったのです。

■ダレス全権への提言

一九五一（昭和二十六）年九月に対日平和条約が調印され、翌年四月に発効しましたが、沖縄県民に大きなショックを与えたのは、第三条の規定でした。

それは、沖縄県を米国の信託統治下に置くことを前提として、それが決定するまで、米国が行政、立法、司法の全権を握るというものです。つまり、祖国日本から分断し、米軍統治下に置くということです。米軍の戦時占領が終われば、当然祖国日本の行政の下に帰ることができると心待ちにしていた沖縄県民の期待は、残念ながら裏切られてしまったのです。

この条文案を一読した大濱も第三条の規定にショックを受けました。大濱が心を痛めたのは、「もし、沖縄が信託統治下におかれると、特殊な地位を与えられ日本国籍を失ってしまう。また、信託統治は避けられたとしても、日本国憲法適用外の地域として県民はあらゆる面において米国の統治下に服しなければならない」という、異民族支配への不安です。

当時、早稲田大学法学部長の要職にあった大濱は、沖縄の将来が気になり、国会で承認を経て発効する前に、沖縄出身の教育者の立場からダレス全権へ請願の形式で手紙を出したのです。

「沖縄は日本国の一部として歴史を共にし、言語や文化も同型同質であって、教育の水準と普及率においても何ら差などはない。それを本土から分離し、本来自治能力のない未開発地域を対象として構想された信託統治下におこうとすることは不合理であり、独立国家の威信と国民感情の上からとうてい耐え難い屈辱というほかない。このような措置は是非避けてほしい」

「また、米国施政権下におくことも民族独立の原則から反し、歴史に逆行するうらみがあるばかりでなく、多くの問題を内包し避けることが望ましい」

大濱は、要請の大前提として、沖縄県民は日本人であること、そして、それを分断統治することは、国際的立場から見ても道義に反していることを訴えたのでした。

■教育権返還の提言

大濱は、続いて、教育の観点からダレス全権へ訴えます。

「元来教育は、次の世代を担うべき人材の育成を目的とするものであり、したがって将来の歴史に対する永い見通しの下に行われなければならない」

「沖縄が当面米軍施政権下に置かれるとしても、それは暫定的な措置であって、沖縄を永久に領有するものとは信じたくない。いずれは日本に返還することを予定しているものと期待する」

「そうだとすると、沖縄の教育がアメリカの方針と制度によって行われたのでは、返還されたときには木に竹をついだようなものになり、混乱を招く」

「このような観点から以下四点の配慮が必要である」

(一) 日本と同一の制度、理念、同一の教科書、教材で教育を行うこと。

(二) 教員の免状も日本と同等のものにすること。人事交流の混乱を回避するため、本土で発行した免許状も沖縄で発行した免許状も相互に通用するものでなければならない。

(三) 教員の再教育も日本本土の指導者があたること。現地において米国指導者がこれにあたることは適当ではない。

(四) 日本は戦後政策として各県に一個の総合大学を設置する方針を決めた。沖縄にも日本の総合大学の設置を認めること。

大濱はこの手紙をダレス全権に送ると同時に、コピーを上院議員、下院議員の外交委員長に宛てて発送しました。両外交委員長からは、受領したとの返書が届き、ダレス全権からは二ページにわたる返信が届きました。

そこには、貴重な示唆に感謝するとあり、注目するポイントが二点ありました。一つは、沖縄を米国の施政権においた場合においてもサンフランシスコ講和会議で言明した通り日本が引き続き、残存主権を保有すること。二つ目は、沖縄住民の合衆国政府との関係におけるシビルステータスについては、国務省で慎重に検討中とのことでした。

大濱は米国は沖縄を信託統治下におく方針ではないと読み取り、安堵したのです。

■日本本土と同一の教育基本法が制定された琉球政府

講和条約発効前にダレス全権に沖縄にて日本と同一の制度で教育を行うことを要請した大濱ですが、後に、著書『私の沖縄返還秘史』（昭和四十六年七月刊）で、「私の進言が功を奏したかどうかは別として、結果から判断すれば、私の希望した線に沿ってことは運ばれている」と述べていました。現に、復帰前の沖縄では、学校制度も教科書も教材も日本と同一であり、教員の免許状制度も統一され、教育基本法と学校教育法については、日本と同一内容のものが立法されていました。それがあったからこそ、沖縄県の祖国復帰後に教育現場での混乱は起きることがなかったのです。

特筆するべきは、沖縄の教育基本法です。内容は一九四七（昭和二十二）年に制定された日本の教育基本法と同じですが、前文のみを変えています。日本国の教育基本法の前文の書き出しは、「われらは、さきに、日本国憲法を確定し、民主的で文化的な国家」ですが、当時の沖縄は日本国憲法の適用外です。そのため琉球政府の教育基本法では「我らは日本国民として人類普遍の原理に基づき、民主的で文化的な国家及び社会を」と修正されていました。

琉球政府の教育基本法には、本土にはない「日本国民として」という文言が加えられていたのです。

一九五四（昭和二十九）年九月に大濱は早稲田大学の総長に就任し、翌年には中央教育審議会の委員にも就任し、その仕事は多忙を極めていました。そのような中、総理官邸のパーティーに招かれた大濱は、池田首相から南方同胞援護会の会長への就任の要請をうけましたが、大濱は激職のため返答を渋っていました。

南方同胞援護会（以下、「南援」と記述）とは、一九五六（昭和三十一）年に自民党の推進によって設立された財団法人であり、当時、日本政府は直接、沖縄への支援ができないため、民間の外郭団体という形で作られた組織です。

初代会長を務めたのは、第十六代日銀総裁の渋沢敬三氏（渋沢栄一の孫）です。その渋沢氏が健康上の理由から会長の辞任を持ち出したため、次期会長として大濱に白羽の矢が立ったのでした。

南援会長として沖縄の諸問題に取り組む

■南援の会長に就任する

大濱は南援の会長就任を渋りましたが、池田首相は諦めず、後日、大平正芳官房長官を使いに出して会長への就任を求めました。仕事の性質上沖縄出身者が当たるのがよいし、それには大濱しかいないというのが大平の言い分でした。その裏には、南援の事務局長を務め、実務の推進にあたっていた吉田嗣延（明治四十三年沖縄県生まれ。東京帝国大学卒）の根回しがありました。

吉田は、後任の会長になる人は、沖縄の心に深い理解とつながりを持つ人であり、更に鋭い国際感覚を持ち、複雑困難な沖縄問題に忍耐強く対処してくれる人でなければならず、それには大濱しかいないと考えていたのです。吉田も大濱の私邸を訪ね説得にあたったとき、英子夫人から「夫をこれ以上酷使しないでください」とまで言われましたが、諦めることはありませんでした。

このような周囲からの熱心な勧めにより、大濱はついに会長に就任することを受諾したのです。一九六一（昭和三十六）年九月のことでした。大濱の沖縄問題への新たな取り組みが本格的に始まったのでした。

大濱は就任後まもなく、沖縄訪問に旅立ち、南援が過去沖縄に建設してきた数々の社会福祉施設を視察しました。関係者と会って今後の問題点なども十分に話し合い、米軍との接触も忘れませんでした。そのときのことを、次のように述べています。

私は終戦後三、四回沖縄を訪ねているけれども、今までは教育関係のことで行ったので、だいたい社会の表面だけしか見なかったが、今回は南援の会長として社会福祉事業関係も多かったので、不幸な人々の援護施設を通じて、沖縄の社会の底や裏をのぞくことができたような気がした。(『沖縄と小笠原』昭和三十七年三月)

これは、短い大濱の率直な感想ではありますが、自らの故郷である沖縄問題への取り組みの固い決意がにじみ出ている言葉でした。

■正しい世論の形成

一九六〇(昭和三十五)年四月二十八日、沖縄県で沖縄県祖国復帰協議会(復帰協)が結成されました。これは、沖縄の革新政党、労働組合等各種団体の統一組織です。それに呼応するように、本土でも日本青年団協議会、地域婦人団体連合会、沖縄県人会、日本健青会、そして総評系労働組合が参加した沖縄復帰国民運動連絡協議会（沖縄連）が組織されました。

大濱は、沖縄問題を解決するために、住民運動、国民運動が果たすべき役割の重要性を理解していました。しかし、同時に大衆運動が犯しやすい過ちや禍も案じていました。それは、指導者の政治的偏向と現実無視の扇動、大局を見ない独り歩きなどです。

ある日、南援の会長室で、正しい世論の形成と南援の役割が話題となって話し合いが繰り返されました。それを大濱は次のように集約しました。

①南援はこれまで以上に沖縄に対する各種の援護活動を進めていかねばならぬが、一方で、沖縄の祖国復帰を促進するためにさらに積極的な役割を果たすべき。

②国民運動が盛り上がってきたことは喜ぶべきことであるが、放っておけば単純な反米運動となる恐れがある。

③沖縄復帰を円満に実現するためには大衆の力で押すというだけではなく、相手を説得する理論と復帰に至る具体的手順などをもって迫っていくことが、これから一層必要となる。

④したがって、南援は、復帰のために考えられる様々な問題を整理し、それに対する方向付けを行い、これを国民運動にも反映させていく必要がある。

大濱は、早稲田大学の総長として、学生運動の嵐の中で、大衆運動による扇動の危険性を誰よりも深く感じ取り、正しい世論を形成する方法を誰よりも思索していたのかもしれません。実際、沖縄返還協定が締結される頃には、復帰協は日米安保破棄をスローガンに掲げはじめ、沖縄連は活動の偏向が顕著になったため、日本健青会は脱退したのです。

■戦後の日米共同声明での沖縄の位置づけ

戦後日本では、新しい総理大臣が就任すると、まず米国を訪問し、大統領と会談を行い、二国間の絆を確認し、それを共同声明という形で世界に発表していました。その際、米軍統治下にある沖縄についてもそのあり方について毎回述べられていました。

一九五七（昭和三十二）年六月二十二日の岸信介首相とアイゼンハワー大統領の声明では、沖縄については次のよう述べられています。

総理大臣は、琉球及び小笠原諸島に対する施政権の日本への返還についての日本国民の強い希望を強調した。大統領は、日本がこれらの諸島に対する潜在的主権を有するという合衆国の立場を再確認した。しかしながら、大統領は、脅威と緊張の状態が極東に存在する限り、合衆国はその現在の状態を維持する必要を認めるであろうことを指摘した。大統

領は、合衆国が、これらの諸島の住民の福祉を増進し、かつ、その経済的及び文化的向上
を促進する政策を継続する旨を述べた。

これは、サンフランシスコ講和条約では文書に記されていなかった、沖縄の潜在主権が日本にあることを記した最初の外交文書であり、日本にとっては大きな前進です。

しかし、極東の脅威が存在する限り沖縄を日本に返還しないことを明言し、更に、施政権者として、沖縄住民の対策も米国がすべて責任を持ち、日本政府の関与を拒否する表現になっていたのです。

当時の日本は高度経済成長期に入り、本土と沖縄の格差は目に見えて拡大していきました。

そのような中、政府として沖縄の支援を実施するために、設置されたのが、南援です。

これは、総理府が南援へ補助金を出し、同会が沖縄の社会福祉施設をつくり、その管理を沖縄の関係団体に委託するという形式をとっていたのです。なぜ、総務省が窓口かというと、沖縄は外国でないから外務省ではいけない。また、都道府県に含まれていないので自治省でも困るという妥協の結果なのでした。

祖国復帰に回り始めた歯車

■祖国復帰と日本政府の沖縄財政支援

一九六一（昭和三十六）年六月二十一日と二十二日にわたって、池田勇人首相とジョンソン大統領の会談が行われました。会談後発表された共同声明の沖縄に関する部分は次のとおりです。

大統領と総理大臣は、米国の施政下にあるが、同時に日本が潜在主権を保有する琉球及び小笠原諸島に関連する諸事項に関し、意見を交換した。大統領は、米国が琉球住民の安寧と福祉を増進するため一層の努力を払う旨を確言し、さらに、この努力に対する日本の協力を歓迎する旨述べた。総理大臣は、日本がこの目的のため米国と引き続き協力する旨確言した。

これまで、米国は日本政府による沖縄への経済支援を拒否していたのですが、この声明で歓迎する立場に百八十度転換したのです。これにより、日本政府は「南方同胞援護会」を経由せずとも、直接、琉球政府へ財政援助できるようになったのです。

南援の編纂した『沖縄復帰の記録』の資料集によると、一九六二（昭和三十七）年から日本政府による沖縄財政支援が始まり、当初わずか五万五二七九ドルだった日本政府の援助金は、一九六三（昭和三十八）年には四十一万六二七八ドル、一九六四（昭和三十九）年には二百六十六万四一一一ドル、一九六五（昭和四十）年には四百二十五万八〇四七ドルと急増していきました。その結果、琉球政府の財政における日米の援助額が均衡してきたのです。

そして、一九六五（昭和四十）年一月、佐藤栄作首相は沖縄訪問に先立ち、ジョンソン大統領と会談を行い、次のような共同声明を発表しました。

大統領は、施政権返還に対する日本の政府及び国民の願望に対して理解を示し、極東における自由世界の安全保障上の利益が、この願望の実現を許す日を待望していると述べた。両者は、琉球諸島の住民の福祉と安寧の向上のため、今後とも同諸島に対する相当規模の経済援助を続けるべきことを確認した。

この声明により、日本政府の沖縄財政支援は更に加速し、一九六七（昭和四十二）年には米国の財政援助額を追い越すことになり、米国民政府の琉球政府への指導力が急速に弱まっていったのです。

■佐藤首相の沖縄訪問

一九六五（昭和四十）年八月、佐藤首相は、数名の閣僚と田中角栄自民党幹事長をはじめとする多くの国会議員を従えて、現職の首相として初めて沖縄を訪問しました。中南部はもちろん、名護にも足を運び、日帰りですが、宮古、石垣も訪問しました。これは、戦後の沖縄では空前のことであり、それだけに沖縄県民の感激も大きいものがありました。

「沖縄同胞のみなさん。私は、ただ今、那覇飛行場に到着いたしました。かねてより熱望しておりました沖縄訪問がここに実現し、漸くみなさんと親しくお目にかかることができました。感慨まことに胸せまる思いであります。沖縄が本土から分かれて二十年、私たち国民は沖縄九十万のみなさんのことを片時たりとも忘れたことはありません。本土一億国民は、みなさんの長い間の御労苦に対し、深い尊敬と感謝の念をささげるものであります。私は沖縄の祖国復帰が実現しない限り、わが国にとって『戦後』が終わっていないことをよく承知しております。これはまた日本国民すべての気持でもあります」

これが、戦後祖国から分断され、異民族統治下にあえいできた沖縄県民に対する、現職首相の第一声です。この発言が、県民に勇気と希望を与えたことは言うまでもありません。首相が行く先々の沿道には、地元住民が人垣をつくり、老若男女が満面の笑みをたたえ、手に日の丸を振っての大歓迎ぶりでした。

前述しましたが、この時大濱は、佐藤首相に請われて、特別顧問として同行しました。沖縄訪問に先立ち、声明の他にも具体的政策のお土産も必要とのことで、その打ち合わせにも立会い、宮古、八重山でもテレビが見られるようにすること（沖縄本島では前年に開催された東京オリンピックに合わせて生中継できるようにマイクロ波回線が設置されていました）と、教員

佐藤栄作首相来沖における石垣空港での歓迎式典であいさつする大濱信泉総理特別顧問（左）。右が佐藤首相。

石垣空港にて佐藤首相来沖を歓迎する住民たち。

左から大濱特別顧問、佐藤首相、田中角栄幹事長。
（すべてお写真提供：沖縄県公文書館）

給与の半額国庫負担の二つを強調しましたが、前者は声明に組み込まれ、後者は大蔵省の強い反対で見送られました。これでは訪問の効果が不十分になってしまうと、大濱が首相に再考を促した結果、現地で陳情を聞く際、公約を言明することにし、そこで打ち出された方針が琉球大学への医学部設置だったのです。

■教育権分離返還論

沖縄返還を政治生命をかけて実現することを、沖縄訪問という行動で示した佐藤首相ですが、この時点では返還への青写真も道筋も存在しませんでした。

そのような中、一九六六（昭和四十一）年八月、ひとつの歯車が回りはじめました。第二次佐藤内閣の総務長官に就任した森清氏は、沖縄を訪問し各界代表との懇談を行い、そのあとのホテルで行われた記者会見で以下の発言をしました。

「沖縄に対する施政権全面返還を推進する手始めとして、まず、基地とは直接関係のない教育権の返還をアメリカ政府に対して強力に要求する」

これは、新聞、テレビニュースで突如打ち出された森提案として、一斉に大きく取り扱われました。

それはサンフランシスコ講和条約が調印され批准される前に、大濱がダレス全権に申し入れた「沖縄の教育は理念的にも制度的にも日本本土と同一でなければならない」というのと同じものです。当時の沖縄の実態は、教育権を返還されてはいないものの、沖縄の教育の内容も制度もほぼ本土の教育と同じように行われていました。森総務長官はこの実態があるからこそ、施政権の分離返還が可能だと考えたのでした。

森提案の翌月、その理念や具体的な手順をまとめるため、各界第一級の人が委員となって総務長官の諮問機関、沖縄問題懇談会が発足し、大濱が座長を務めることになったのです。

検討は精力的に進められ、大濱は施政権全面返還要求に対するすり替えであり、結局現状固定論だとの反対の声があがった沖縄にも飛び、意見の調整を図りました。

ところが、一九六七（昭和四十二）年一月、佐藤首相が滋賀県大津で総選挙の遊説を終えたあと、事件が起きました。

■教育権分離返還を断念させた佐藤首相の大津発言

佐藤首相は、同行記者の質問への回答で次のように答えたのです。

「沖縄返還はあくまでも施政権の全面返還が狙いであって、部分的な取り組みでは、到底その根本的な解決にはならない」

これは、森提案を頭から否定するものであり、閣内の不一致であるとしてマスコミに大きく取り上げられたのです。マスコミのあまりにも大きい反応に、もっとも戸惑ったのは佐藤首相本人でした。

佐藤首相は秘書を通じて、大濱にメッセージを伝えました。「新聞は必ずしも自分の真意を伝えていない。施政権の一括返還が望ましいと言ったのである。いずれ選挙が終わり次第、ゆっくりその事情を話すから誤解のないように」というのがその内容でした。

この伝言を聞きながら、大濱は考えました。

「たとえ大津発言の経過がどうであろうと、ひとたびこんな形になってしまった以上、教育権の分離返還問題を政府の外交課題とすることはおそらく不可能であろう。そうだとすれば、佐藤首相と会って、その釈明を聞くだけでは全く意味がない。したがってこの際、現在は総務長官の諮問機関となっている沖縄問題懇談会を、報告の提出とともに解散し、一歩進めてこれを強化拡大し、首相の諮問機関とする。もちろんここでは施政権返還の進め方などを論議することとする」

選挙が終わって三日後、大濱は首相官邸で佐藤首相と会いました。首相はくどいほど大津発言の弁明をくりかえしました。大濱は説明を聞いた後、かねての考えを述べました。

「あの発言で沖縄県民は大きな不安を感じ、米国側も首相の真意を測りかねているに違いない。したがって、この際、高い次元に立った沖縄対策の基本方針を策定する必要があり、その具体的措置として、沖縄問題懇談会を首相の諮問機関として格上げする必要がある」と提言したのです。

佐藤栄作首相の沖縄返還交渉のブレインとして

■返還交渉の下地づくりのための訪米

佐藤首相は、即答を避けましたが、同席していた木村俊夫官房長官は大いに興味を示し、数日後、大濱に具体的な構想案をまとめるよう要請してきました。大濱は早速、新構想の検討に入り、「沖縄問題審議会構想（大濱私案）」としてまとめました。

続いて、同年三月から五月にかけて、南方同胞援護会の第三次渡米団として訪米し、官民百人を超える人に会いました。その目的は、日本側の主張を米側に訴え、考慮を促すとともに、感触を探り、今後日本政府が沖縄返還交渉をする際の下地をつくることにありました。

大濱が米国側に主張した概要は次のとおりです。

・米国にとって沖縄が重要なのは軍事的理由によるもので、施政権というのは基地の維持、その使用の自由を保障する手段にすぎないはずだ。

・独立の民族国家が一部を切り離して他国に統治されるのは、民族的感情から耐え難いものがある。経済的援助で相殺されるものではない。
・沖縄では祖国復帰運動が年を追って盛んになり、放置していると基地は敵国の中の基地となり、維持することすら困難になってしまう。
・そこで、施政権を日本に返還し、一日も早く沖縄をその本来の姿に戻すほうが米国にとっても得策であり、日米の協力を円滑に進めることができる。

大濱がこのような説明をしたところ、一年前にはそっけなかった米国側の空気が今回は大きく変わり、大いに耳を傾けるようになっていたのです。

大濱は帰国後佐藤首相に報告し、同年六月九日には参議院沖縄問題に関する特別委員会に参考人として発言もしています。そこでは、上記の内容を報告した後、「沖縄返還交渉についてイニシアティブをとるべきは日本であって、米国から返還を提案してくることはない」として、「政府内部に沖縄問題を全般的に高い次元で検討する審議会を設置し、政府の方針を確立すること」を要請したのです。

■大濱の民間外交と「沖縄問題等懇談会」の誕生

大濱の訪米による百人を超える要人との会談と成果は、当時の外務大臣の仕事を遥かに凌ぐものでした。代表的要人を列挙してみます。ホワイトハウスでは、ウォルト・ホイットマン・ロストウ補佐官、安全保障を担当するウィリアム・ジョルデン補佐官、国防総省では、極東担当のマックノートン国防次官補、国務省ではユージン・ロストウ国務次官、日本部長のスナイダー氏、ハワイ選出のダニエル・井上上院議員、ハワイ選出の元日系人部隊陸軍大尉のスパーク・松永下院議員、ライシャワー前駐日大使、更に『ワシントン・ポスト』、『ニューヨーク・タイムズ』にも日本側の主張を取り上げるようパイプも作ったのです。

その活動の結果、政府に沖縄返還交渉に積極的な動きを求める機運が盛り上がり、佐藤首相は、ついに諮問機関の設置に踏み切り、一九六七（昭和四十二）年八月一日、「沖縄問題等懇談会」が誕生し、大濱はここでも座長を務めることになったのです。

1967（昭和42）年9月に行われた沖縄問題等懇談会における記者会見の様子。中央の人物が大濱氏。
（写真提供：沖縄県公文書館）

同月十六日に初会合が開かれ、佐藤首相はその挨拶の中で、「今秋予定している訪米に際し、沖縄及び小笠原諸島の施政権返還問題について、米国側首脳と率直に話し合うつもりです。（中略）国民の願望と良識を背景にして、日米協力の基本線に沿って本土復帰への道を固めるべく、最善の努力を払う決意であります」と沖縄返還への覚悟を内外に示したのです。

懇談会は七回開催され、毎回二時間から二時間半、全員が積極的に発言し、活発な討議が行われ、佐藤首相も第三回と五回を除いて始終出席しました。第五回の懇談会は、十月十九日に開催され、座長の大濱から「首相の訪米も近づいてきているので、今日は施政権返還の目処をどうつけるか、基地のあり方につき現状のままの基地を認めるか、本土並に考えるか、また、米国側は基地と施政権は不可分とする考え方に固執しているようだが、不可分でないという理論づけは可能か、以上の問題について、意見交換を願いたい」という提案があり、出席委員全員で約二時間にわたって、真剣な議論が行われました。

最後に、大濱は、中間報告のまとめを提案しましたが、様々な意見を併記したほうが首相を拘束しなくてよいと判断され、事務局の山野幸吉（総理府特別地域連絡局長）がまとめ作業を行いました。

■大濱が作成した沖縄返還折衝の草案

第六回の懇談会は十月二十五日に開催され、山野が報告書を朗読して始まりましたが、どうしても意見がまとまらず、最終日に先送りされました。最終日の前日、大濱は山野を自宅に招き、一晩話し合い修正案を作成し、十一月一日の正午からの懇談会に提出しました。

その要旨は、「第一に沖縄施政権返還についての米国の合意を得たうえで、返還の時期を両三年以内に取り決めるという合意を得ること」「第二に、施政権の返還に伴う諸問題を具体的に検討するために、日米の継続的な協議機関を設けること」「第三に、施政権の返還を前提として、日本政府のすすめる一体化政策、格差是正、経済振興策などについて、可能な限りアメリカ側も協力するという合意を得ること」でした。

この草案は、全会一致で承認され、佐藤首相はこの中間報告を携えて訪米したのでした。

一九六七（昭和四十二）年十一月十四日から二日間にわたり、佐藤首相とジョンソン米大統領の会談が行われました。そして、十五日に発表された共同声明には、大濱の中間報告の内容が次のように組み入れられていました。

総理大臣は、さらに、両国政府がここ両三年内に双方の満足しうる返還の時期につき合意すべきであることを強調した。大統領は、これら諸島の本土復帰に対する日本国民の要望は、十分理解しているところであると述べた。同時に、総理大臣と大統領は、これら諸島にある米国の軍事施設が極東における日本その他の自由諸国の安全を保障するため重要な役割を果たしていることを認めた。

総理大臣と大統領は、さらに、施政権が日本に回復されることとなるときに起こるであろう摩擦を最小限にするため、沖縄の住民とその制度の日本本土との一体化を進め、沖縄住民の経済的および社会的福祉を増進する措置がとられるべきであることに意見が一致した。両者は、この目的のために、那覇に琉球列島高等弁務官に対する諮問委員会を設置することに合意した。

共同声明には、大濱が要求した三点が見事に含まれていたのです。この瞬間に、沖縄返還をめぐる日米関係が飛躍的に前進したのです。

■回り始める復帰準備と白紙状態の基地のあるべき姿

一九六七（昭和四十二）年十一月の佐藤・ジョンソン会談に基づき、翌年一月十九日の日米政府間の交換文書「米国との沖縄諮詢委員会に関する取極」により、高等弁務官に対する諮問委員会が設置されました。これは、通常「日米琉諮問委員会」と称されています。日本、米国、琉球政府からそれぞれ代表が参加したからです。日本代表は高瀬侍郎（前職ビルマ大使）、米国代表はＬ・Ｃ・バース、沖縄代表は瀬長浩（元琉球政府副主席）でした。三月一日には初会合が開かれ、一九七〇（昭和四十五）年五月一日までの約三年の間に百八十九回の会合を開き、会計年度や税制の一体化、交通インフラの整備など四十七項目の勧告を行いました。

この諮問委員会の設置により、スローガンだった「祖国復帰」は、日米と現地沖縄の知恵を集結させた準備段階へと移っていったのです。その発火点は、大濱が佐藤首相に献策して発足させた沖縄問題等懇談会の中間報告だったのです。

沖縄復帰に向けて歯車は回り始めたものの、その実現に向けては巨大な課題が残されていました。沖縄の復帰運動の中核組織の沖縄県祖国復帰協議会は、一九六七（昭和四十二）年十月十二日に臨時総会を開催し、「即時無条件全面返還」をスローガンとして打ち出していたのです。つまり米軍基地撤去運動に変貌していたのです。

一方、日米間では、施政権返還後の沖縄米軍基地の状態について何も決まっておらず、政府内部でも真剣に対米交渉の準備を進めている様子がなく、白紙状態のままだったのです。

大濱は、佐藤首相に会い「ジョンソン大統領との会談に基づき、施政権返還の時期について確約を得るために渡米される時期も迫っているが、施政権返還後の基地について、日本の世論の満足する条件をアメリカに受諾させるには、相当困難が予想されるので、民間学者によって研究会を作りたい。そうすれば世論の啓発指導にも役立つし、またアメリカ側にも影響を及ぼすことができ、政府の方針の決定にも寄与すると思う」と相談したところ、佐藤首相は賛成したのです。

■「沖縄軍事基地問題研究会」

佐藤首相の了承を得た大濱は、沖縄問題等懇談会の了解を得て、「沖縄軍事基地問題研究会」を設立しました。沖縄問題等懇談会の大濱座長の諮問機関という位置づけです。その座長は、久住忠男（軍事評論家）、十四名の委員は、若泉敬（京都産業大教授）、高坂正堯（京大教授）など純民間組織の軍事問題、国際政治に関する一流のメンバーで構成し、末次一郎（南方同胞援護会評議員）が事務局長を務めました。自由に発言でき、かつ最も権威のある研究団体の布陣を敷いて出発したのです。

一九六八（昭和四十三）年二月十七日、第一回の会合が開かれ、一九七〇年代の国際情勢を踏まえて、極東の和平と日本の安全確保の視点から沖縄の基地のあるべき態様を熱烈、真摯に論議されました。研究会は二十二回に及び、一九六九（昭和四十四）年三月八日に最終報告書がまとめられ、翌日の各新聞には、「沖縄基地問題研究会・報告」という民間有志の研究によってまとめられた沖縄返還交渉への提言が、一斉に大きく取り上げられました。

要旨は次のとおりです。

一、沖縄の施政権返還は遅くても一九七二年までになされる。
二、施政権返還後は日米安保条約を適用し、同時に同条約に基づく日米地位協定、事前協議も全面的に適用する。
三、沖縄の米軍基地は過密で、かつ住民地域と入り組んでいるので、変換前にもできるだけ基地の整理統合を進める。返還後は沖縄に対する防衛の責任は第一次的に我が国が負い、陸上防衛、沿岸警備、局地防空を担当する。よってこれに関する基地の移管計画を急ぐ必要がある。
四、返還をスムーズにするため日米合同の協議機関を求める。

これは、現実を直視した極めて説得力のある議決です。翌日の参議院では、野党議員がこの報告書を取り上げ、佐藤を追及しましたが、「この報告書はかねて私が考えてきたことと同じ」という趣旨の答弁をしたのです。

この研究会の発表により、日本の世論の大勢は決定され、政府もこの論調を基調として対米交渉を開始したのです。

■日米京都会議

沖縄基地問題研究会はもう一つ大きなミッションを負っていました。「沖縄およびアジアに関する日米京都会議」の開催です。

この会議は、一九六九（昭和四十四）年一月二十八日から三十一日までの四日間、国立京都国際会館を会場として開催されました。アメリカからはライシャワー教授など政府の政策決定に少なからぬ影響を持つ九名の代表が参加しました。日本側は基地問題研究会のメンバーに加えて、猪木正道（京大教授）と自衛官の幕僚長クラス経験者など九名、そして沖縄から喜屋武真栄（沖縄教職委員会会長）等四名が参加しました。

大濱はこの会議の実行委員長として会議実現に尽くし、末次一郎が事務局長として運営にあたりました。

会議は、終わりに当たって、議長報告が採択されました。議長は竹内前駐米大使とライシャワー前駐日大使です。

その中で沖縄返還の時期については、「返還に関する取り決めは一九六九年中に到達されるべきというのが広範な確信であった」と記され、返還後の基地のあり方については、「沖縄の基地を即時に日本本土と同じ制約下におくことが望ましいことにつき、おおよその意見の一致をみたが、そうすることはアメリカの諸方面で強い反対が出てくるであろうという指摘がなされた。沖縄返還問題の処理は、こうした事情を考慮にいれた、実現可能なものでなくてはならない」と記されていました。

沖縄問題に対する完全な一致を見出すことがこの会議の目的ではありませんでした。対立して白熱する議論もありましたが、こうして日米間の相互理解が深められたのです。

この会議の終わりに、大濱はめずらしく感情を込めた挨拶をしました。会議の成功に感謝を述べ、「沖縄問題の解決」と「日米友好関係の維持」に会議の参加者全てが深い協力を続けていきたいと訴えたのです。

閉会後、アメリカ側の参加者がそれぞれの立場で政府や世論に対して積極的な働きかけをしてくれたことが、その後のスムーズな沖縄返還交渉を実現させたのです。

■ついに実現した沖縄県祖国復帰

日米京都会議から半年後、一九六九（昭和四十四）年六月から七月にかけて、大濱は、「沖縄の核抜き本土並みの基地返還」を望む日本の世論に対する米国の反応を探るため、米政府関係者と意見交換を行いました。

帰国後、佐藤首相に「国際情勢からみて、日本政府の望む方向に解決されるのではないか。今後は沖縄開発に重点を置くべき」と進言しました。

続いて、同年十一月二十一日、佐藤・ニクソン会談が行われ、共同声明で、「沖縄の一九七二（昭和四十七）年、核抜き、本土並み返還」の合意が発表されたのです。日米間で沖縄返還が正式に決まった瞬間です。それから、約一年半後の一九七一（昭和四十六）年六月十七日、ついに日米間で沖縄返還協定が調印されました。

一九七一（昭和四十六）年十月十六日、第六十七回臨時国会、いわゆる沖縄国会が召集されました。「核抜き、本土並み」を条件とした沖縄返還協定の批准をめぐって、与野党間で激しい議論が展開されましたが、紆余曲折の波乱の末、沖縄返還協定特別委員会で十一月十七日、衆議院本会議で十一月二十四日、参議院で十二月二十二日に批准の承認が行われました。

沖縄県の祖国復帰に全力を注いできた大濱の悲願が、ついに現実のものとなったのです。

参議院で沖縄返還協定の批准がなされたその日の深夜、大濱は国会議事堂に佐藤首相を訪ねました。それは、ともに沖縄問題に取り組み苦労してきた間柄だけに、首相に謝意を表したいという思いからです。

大濱は議事堂内で慌ただしい首相を見つけると、「連日のご活躍、そして本日の批准承認ご苦労様でした。いろいろ配慮をいただきありがとうございました」と述べました。首相は「いや、めでたく実現できたのも先生のおかげです。お礼はかえって私の方から申し上げるべきです」と感無量の面持ちで、二人は固い握手を交わしたのです。

別れ際に首相は大濱を呼び止め、「先生、ところで海洋博の会長を是非お願いしますよ。田中くん（田中角栄通産大臣）にも話しておきますから」と声をかけました。突然の依頼に即答する余裕もなく、大濱はその場を離れたのです。

最後の大仕事「沖縄海洋博」

■沖縄国際海洋博覧会会長に就任

それから二日後の二十四日、田中角栄通産大臣が大濱に会長就任要請の電話をかけてきました。大濱は既に引き受ける覚悟を固めていました。しかし、それには四つの条件が前提でした。

その第一は、海洋博を契機に脆弱な沖縄の社会資本を充実させ、将来の振興開発のための基盤を確立すること。第二にもし、赤字に終わった場合、政府が責任を負うと共に地元沖縄には財政負担をかけないこと。第三は、跡地利用を政府の責任において十分に配慮すること。第四は、海洋博を契機に離島の振興開発を併せて配慮することです。

これに対し田中通産大臣は「四つの条件を全部のみます。先生には負担をかけないし心配をかけるようなことはしません」と即座に確約、「それで引き受けましょう！」と会長就任を受諾したのです。

沖縄国際海洋博覧会は、沖縄県の祖国復帰記念事業として沖縄県国頭郡本部町で百八十三日間の会期、一九七五（昭和五十）年七月二十日から一九七六（昭和五十一）年一月十八日をもって行われた国際博覧会です。海洋をテーマとする博覧会を日本で開催しようという構想は、実は大阪万博以前から議論検討がなされていました。前述した一九六九（昭和四十四）年十一月の佐藤・ニクソン共同声明で一九七二（昭和四十七）年の沖縄復帰が明らかになると、海洋博の沖縄開催がクローズアップされるようになってきました。

琉球政府は、一九七〇（昭和四十五）年五月に官民合同の「海洋博沖縄開催推進協議会」を結成し、会長の屋良朝苗主席は、同年八月に「沖縄開催」を政府に正式要望しました。

これを受けて日本政府は、一九七一（昭和四十六）年六月、通産省に沖縄海洋博覧会調査室を設け、同年十月二十二日には海洋博実現のための国際手続きを進めることで閣議了承を行いました。日本政府による海洋博開催の申請は、同年十一月二十四日の国際博覧会事務局の理事会で受理され、一九七二（昭和四十七）年三月二十四日、「一九七五（昭和五十）年に沖縄で海洋博覧会を開催すること」が承認されたのです。このように様々な人々と機関の活動を通して海洋博の沖縄開催が決まったのです。

海洋博の具体的準備として、一九七一（昭和四十六）年十月、通産省で第一回「沖縄国際海洋博覧会基本問題懇談会」が開かれました。経団連の上村会長、日本商工会議所の長野会頭、琉球政府の屋良主席、琉球商工会議所の国場会頭等が出席、海洋博の運営主体として財団法人の設立問題等が検討されました。

一九七二（昭和四十七）年一月二十五日、東京商工会議所役員室で、沖縄海洋博覧会協会発起人会が開催。発起人は二十五人からなり、役員の選任が行われ、全会一致で大濱が会長に選出されました。同年二月十一日、海洋博協会発足の披露パーティーが東京のホテル・ニューオータニで開かれ、政財界の代表者五百人が出席しました。その会場で佐藤首相は、「政府は海洋博を復帰記念行事の一環として開催することを決意し、大濱先生にその最高責任者になってもらうようお願いしたところ、快く引き受けていただき、ただ感謝の他はない。国の責任において手落ちのない万全の措置を取り、先生を心配させたり、苦労をかけるようなことは絶対にしない。皆様の前で固くお約束する」と激励したのです。

県庁構内に建てられた沖縄国際海洋博覧会カウントダウンタワー。
（写真提供：沖縄県公文書館）

そのような佐藤首相の言葉とは裏腹に、大濱が会長の座にあった四年間は苦悩の連続であり、用地の取得の遅れ、第三セクター構想の断念、石油ショックによる会期延長、皇太子殿下への火炎瓶投擲事件などがありました。その間、四度もひそかに進退を考えていた節があり、「仮に他の人が会長になっていたら、おそらく四人の会長が交代していたであろう」と述べていたといいます。

■物心両面の祖国復帰を目指した海洋博事業

海洋博協会の会長に就任したとき、大濱は既に八十歳になっていました。大濱はしばしば次のように語っていました。

「私は年齢的には清算済みともいえる老体だし、一般的にいえば隠居の身であろう。しかしこれまでの仕事の関係から社会の各界にわたって知人や友人、後輩や教え子が多い。これらの人々の協力を得て余生を郷里のためにいくらかでもお役に立ちえれば幸いである」

また、「ふるさとは、母のふところのように人間の心の支えである」とも述べ、ふるさと沖縄をこよなく愛していました。

沖縄返還協定が批准された時、大濱の思いは次の目標に移っていました。それは、名実ともに沖縄が祖国日本に復帰することです。しかし、戦後米軍の占領下に置かれたため、日本の高度成長から取り残され、格差が広がっていました。そのため、経済的な格差と本土と沖縄間で精神的な亀裂が生まれていたのです。大濱は海洋博の目標をこの二つの溝を埋めることに置いていたのです。海洋博の閉会の挨拶を次のような言葉で締めくくっています。

「なお、この海洋博は、国の施策としては、沖縄の祖国復帰を記念する国家的行事の一環として構想されたものであり、そして記念事業としては、物心両面の効果を指向したものであります。まずこの海洋博を契機として、本土および海外から二百万に近い人々が沖縄を訪れ、沖縄の自然、文化および社会に対する認識と理解を深めるとともに、相互の接触によって、本土と沖縄との一体感と連帯感を強化する上に、まことに効果的であったと申すべきであります。さらに、経済的な効果は大規模の建設と、多数の来訪者の動員にともなう直接的の効果と、社会資本の整備拡充により振興開発の基盤が造成されたことにともなう長期的効果との二段階にわけてみるべきものであると思います。とにかく物心両面のこれらの成果の蓄積が、沖縄の歴史の上に、新たな紀元を画することができるようになることを心から期待し、かつお祈りして私のご挨拶と致す次第であります。最後にみなさん、長い間、本当にありがとうございました」

沖縄国際海洋博覧会海上建設起工式の様子。
鍬入れする大濱信泉氏（左）と河野洋平氏。
（写真提供：沖縄県公文書館）

海洋博が開催された昭和五十年の沖縄の観光客は、百五十三・八万人と前年の八十・五万人から倍増しました。しかしながら、海洋博の会期が終了した一九七六（昭和五十一）年の観光客は、八十三・六万人と半減してしまい、失業、経営不振、倒産など深刻な経済の落ち込みが見られました。そのため、民宿経営者などからは「経済の起爆剤ではなく自爆剤」とまで不満が出る結果となってしまいました。

しかし、その後の沖縄観光産業の発展をみれば、海洋博を通して沖縄に数百万人規模の観光客の受け入れ体制の基礎が築かれたことは疑いようもありません。その証拠に海洋博のような大型イベントがなくとも、翌年から観光客はうなぎのぼりに増加し、一九七八（昭和五十三）年の観光客数は百五十・二万人とほぼ海洋博開催年に並び、一九七九（昭和五十四）年には、百八十・八万人と追い越してしまったのです。その後も順調に増え続け、二〇一七（平成二十九）年には、九百五十七万人にのぼり、ついにハワイの観光客数を超えてしまったのです。

沖縄県祖国復帰への道を切り開き、更に、観光立県によるその後の沖縄経済振興の道を切り開いた大濱の志は、間違いなく実現されたといえるではないでしょうか。

■大濱の悲願、平和祈念堂の建設

大濱信泉を知るものは、沖縄県祖国復帰への功績と学園闘争時代の早稲田大学総長としての手腕を絶賛することでしょう。しかし、それ以外にも彼が生涯をかけた悲願という大事業がありました。それが、沖縄平和祈念堂の建立です。

沖縄平和祈念堂の建設は、沖縄出身の偉大な芸術家・山田真山が先の大戦で被った沖縄の戦禍とその犠牲があまりにも甚大だったことに心を痛めて、恒久平和を象徴する平和祈念像の制作を一念発起したときに始まります。それは、硝煙のにおいも消え去らない終戦直後のことです。この悲願に感銘した南方同胞援護会等がその支援に立ち上がり、一九五七(昭和三十二)年、「沖縄平和慰霊像建立奉賛会」が設立、一九六五(昭和四十)年には財団法人・沖縄平和公園建設協会へと拡大強化されました。当初副会長だった大濱は一九六六(昭和四十一)年には会長に選任され、直接運営の責任を負うことになったのです。

一九七六(昭和五十一)年二月四日、いよいよ、平和祈念堂建設地の地鎮祭の日がきました。海洋博の閉幕から二週間後のことです。

大濱はその二日前から、風邪が原因で病床に就き、東京女子医大病院に入院していました。彼は地鎮祭には是が非でも出席すると言い張りましたが、医師の強い勧告で断念しました。地鎮祭は関係者だけで執行することになり、その準備は滞りなく進められました。

しかし当日の朝、突如として突風が吹き、大粒の雨が降り注いだかと思うと、修祓の儀が行われる一時間前には、再び空いっぱいの青空が広がりました。

その時です。

東京から〝オオハマ　ヤマイ　アツシ〟という悲報が届いたのです。一同は呆然としました。大濱は肺炎と悪性リンパ腫を併発。医師団や関係者の手厚い看護を受けていましたが、それからいくばくもなく二月十三日午後三時三十八分、英子夫人や親類縁者の見守るなかで、穏やかな表情で最後の瞼をとじたのです。享年八十四。

大濱が身魂を打ち込んで取り組んだ平和祈念堂像建立事業は、後継者によって、幾多の困難を踏み越えて着々と進められ、一九七八（昭和五十三）年には高さ四十五メートルの正七面体角錐ドームの中に十二メートル、幅八メートルの崇高な平和祈念像が収められた平和祈念堂が見事に完成したのです。

■屋良朝苗知事の追悼の辞

一九七六（昭和五十一）年二月二十一日午後一時、青山葬儀所で大濱信泉の告別式がとり行われました。最後にその式での屋良朝苗の追悼の辞の一部を紹介いたします。

「（前略）戦後の混沌たる沖縄に私共は傑出した大先輩として、先生のような先覚者にめぐまれていたことは、誠に有り難い幸せでありました。先生の今日までの親身のご指導やお力添えは、沖縄の復帰問題を始め、教育の復興、社会福祉の充実強化等、あらゆる諸問題の解決に計り知れない大きなお力を貸してくださいました。特に教育者としての大濱先生のご慧眼は、沖縄の教育復興の緊急性を洞察されて、その解決には非常なご熱意をもって指導協力の手をさしのべてくださいました。沖縄のかかえていた教育の重要なる問題の解決は、殆ど先生のご指導ご協力を仰がぬものはなかったのであります」

おわりに

本書の最後に沖縄県祖国復帰で佐藤栄作首相の沖縄返還交渉のブレイン役だった、早稲田大学第七代総長の大濱信泉（のぶもと）先生の功績を取り上げました。私は全国民、特に政治と防衛を担っている皆様には、日本にとっての沖縄県祖国復帰とは何なのか改めて考えていただきたいと願っています。

沖縄県祖国復帰の前提には二つの出来事があります。一つは、敗戦、もう一つは異民族による分断統治です。この二つの逆境から這い上がって、沖縄が日本に戻り、日本民族が再統一を果たしたのが沖縄県祖国復帰ではないでしょうか？

歴史にはいくつか種類があります。個人の歴史、会社や地域社会の歴史、そして国家、民族の歴史などです。それぞれの歴史は当然共有するべき範囲が異なります。

では、沖縄県祖国復帰は地域社会の歴史なのでしょうか？　それとも日本民族の歴史なのでしょうか？

私は、声を大にして「日本民族の歴史だ！」と言いたいと思います。それも世界に誇る日本の歴史です。なぜなら、敗戦により失った領土をわずか二十七年で、それも軍事力ではなく交渉により平和裏に取り返すことができたのは、人類史上例をみない快挙だからです。

ややもすると、米国側から沖縄を日本に返したように勘違いされている方もいるかもしれませんが、それは大きな間違いです。米軍は、沖縄の半永久的な統治を考えており、沖縄民政府の旗を作成したり、琉球語でのラジオ放送を要求したり、沖縄の方言による教科書の作成を求めていたりしたのです。その圧力を跳ね返して実現したのが沖縄県祖国復帰であり、その原動力は、「日本人としての矜持」以外に考えられないのです。

是非とも、毎年五月十五日は、沖縄県祖国復帰に尽力された沖縄の先人に思いを馳せ、その日本人としての矜持を学び、共有していただきたいと願っております。そして、それは、必ずや多くの日本人の中にある日本精神を呼び戻し、本来の日本のあるべき姿が蘇るものと信じています。

仲村　覚

◆著者◆
仲村 覚（なかむら さとる）

昭和39年、那覇市生まれ。埼玉県在住。昭和54年、陸上自衛隊少年工科学校（横須賀）入校。卒業後、航空部隊に配属。複数の企業勤務を経て、「日本は沖縄から中国の植民地になる」という強い危機感から活動を開始。平成29年に、「一般社団法人・日本沖縄政策フォーラム」を設立。同法人は、中国共産党が仕掛ける沖縄の歴史戦と本格的に戦う唯一の組織。

著書に『沖縄はいつから日本なのか』（弊社刊）、『そうだったのか！沖縄』（示現社）、『沖縄の危機』（青林堂）。

『ビートたけしのTVタックル』（テレビ朝日系）に出演。

新聞雑誌等に「沖縄問題の第一人者」として論文を多数寄稿。

E-mail: nakamura.satoru7@gmail.com
公式サイト：一般社団法人・日本沖縄政策フォーラム
http://www.okinawa-seisaku.org/

狙われた沖縄　真実の沖縄史が日本を救う

令和 3 年 5 月 25 日　第 1 刷発行

著　者　仲村 覚
発行者　日高 裕明
発　行　株式会社ハート出版

〒171-0014 東京都豊島区池袋 3-9-23
TEL.03(3590)6077　FAX.03(3590)6078
ハート出版ウェブサイト　http://www.810.co.jp

定価はカバーに表示してあります。

ISBN978-4-8024-0118-0　C0021

印刷・製本　中央精版印刷株式会社